马岩经济

主　编○张景春
副主编○徐玲琳　龙建辉　刘　剑

MAYAN JINGJI

西南财经大学出版社
Southwestern University of Finance & Economics Press

图书在版编目(CIP)数据

马岩经济/张景春主编. —成都:西南财经大学出版社,2015.3
ISBN 978 - 7 - 5504 - 1830 - 1

Ⅰ.①马… Ⅱ.①张… Ⅲ.①农村经济发展—成就—铜仁市 Ⅳ.①F323

中国版本图书馆 CIP 数据核字(2015)第 053619 号

马岩经济

主编:张景春

责任编辑:张明星
助理编辑:涂洪波
封面设计:何东琳设计工作室
责任印制:封俊川

出版发行	西南财经大学出版社(四川省成都市光华村街55号)
网　　址	http://www.bookcj.com
电子邮件	bookcj@foxmail.com
邮政编码	610074
电　　话	028 - 87353785　87352368
照　　排	四川胜翔数码印务设计有限公司
印　　刷	郫县犀浦印刷厂
成品尺寸	148mm×210mm
印　　张	5.625
字　　数	140 千字
版　　次	2015 年 3 月第 1 版
印　　次	2015 年 3 月第 1 次印刷
书　　号	ISBN 978 - 7 - 5504 - 1830 - 1
定　　价	30.00 元

1. 版权所有,翻印必究。
2. 如有印刷、装订等差错,可向本社营销部调换。

前 言

马岩村位于铜仁市东部，原属漾头镇管辖，现属铜仁市碧江区灯塔办事处管辖，于2007年与漾头镇共同村合并组建而成。尽管马岩村是一个年轻的行政村，但马岩有着悠久的人类发展史。明代以前，今铜仁市漾头镇的杜家园和今马岩村岩董组两处新石器古文化遗址出土的石器残片、夹砂红陶和灰陶残片，证明了今马岩村在远古时期就有人类生息繁衍，可以说是整个黔东北地区的文明发源地。至今，马岩村依然保存着淳朴的民风和较为完整的传统民俗，该村有资本能够成为农村区域发展这一专业学生认识农村、剖析农村、研究农村的鲜活样本。基于此，贵州省第二批省级特色专业建设点"农村区域发展"专业全体学生满怀激情的奔向马岩这片净土，把这里当成一个专业学习和技能培养的露天课堂。

2009级农村区域发展专业是铜仁学院首届农村区域发展专业学生，这些学生主要来自于贵州省各州市及周边省份，大多数同学出生于农村。让农村出生、成长的孩子反过来观察、研究农村，会有什么样的效果呢？由于没有经验或模式可循，注定了这个专业的老师和同学需要在摸索中前行，一切都是摸着石头过河，最终成果只能是拭目以待。尽管很多同学都出生于农村，但是未必每个人都真正认识农村。为进一步加快农村区域发展这一新生专业的人才培养进程,提升人才培养效果,全面提高本科人才培养的质量,我们坚持以提高学生创新精神和实践能力为重点,课堂上培养学生的创新思维能力,实践中培育学生的实践操作技能,理论与实践相结合,把学生培养成具有创新精神和实践能力的高素质应用型人才。

2010年,我们与铜仁市灯塔办事处马岩村签订了校地合作协议,马岩村正式成为农村区域发展专业的实践教学基地,农村区域发展专业与马岩人民建立感情的情怀由此拉开序幕。马岩村地理位置优越,自然环境优美,旖旎的田园风光、浓郁的乡土文化、独特的民风民俗、古朴的农耕情调、悠久的蔬菜种植历史及多样化的农业资源,散发出迷人的魅力,深深地吸引着农村区域发展专业的学生前往。在近两年的实践教学过程中,农村区域发展专业学生先后前往马岩不止600人次,足迹遍及马岩村的所有村寨,同学们与马岩人民结下了深厚的情谊。每次一到马岩,那一句句"毛弟①,你来了"、"妹,你来了"总让人难以忘怀。这是马岩人民对我们学生真诚的欢迎,同时也是对我们学生认识农村、研究农村最大的鼓励。两年多的时间里,我们的学生详细了解了马岩村的传统手工业、现代工业、大棚蔬菜产业、土地利用、农民专业合作社、人口结构、劳动力转移、新型农村合作医疗、环境卫生、基层党建等各方面。同学们对马岩村的了解胜过对自己家乡的认识,而这种深入的了解让我们有理由将马岩村的美丽与纯净呈现在更多人面前,让更多人认识马岩、走进马岩、爱上马岩。

2011年,在全体师生的努力下,农村区域发展专业顺利成为贵州省第二批省级特色建设点专业之一。为了持续推进本专业"理论联系实践"的教学特色,在人才培养方面实现新的的

---

① 毛弟,是当地人对低龄男孩的称呼,相当于小伙子。

突破，笔者指导2009级农村区域发展专业学生继续深入马岩村开展调研，并于2012年6月组织开展了铜仁学院省级特色专业——农村区域发展实践教学成果汇报暨经验交流会，与全校师生分享了农村区域发展专业的学科建设发展经验，取得了一致好评。同时，为了让更多人认识农村，认识农民，了解农村区域发展，我提出了编写"马岩经济"的构想并拟定写作大纲，制订编写方案，积极协调多方资源将这一想法付诸实践。"马岩经济"这一名字来源于著名学者费孝通教授的"江村经济"。当然，我们并不敢将"马岩经济"与费孝通教授的"江村经济"进行对比，因为没有可比性，我们只是将师生们在马岩村的一些见闻和感悟表达出来而已。

"马岩经济"作为省级特色专业——农村区域发展的实践教学成果，该书编写得到了2009级农村区域发展本科班社会实践调查组的大力支持。"马岩经济"共分十一章，第一章介绍马岩村概况，第二章至第十一章着重选取了马岩村的传统手工艺、马岩村现代工业、马岩村畜养业、马岩村大棚蔬菜产业、马岩村土地利用概况、马岩村农民专业合作组织、劳动力外流对马岩村经济社会发展的影响、马岩村新型农村合作医疗、马岩村环境卫生、马岩村基层党建等十个方面作为研究对象。本书没有过多的理论，更多的是农村区域发展专业师生在马岩村的亲身体验，这种体验源于实践。当然，由于各方面的特殊原因，本书只选取了马岩村的11个板块作为研究对象，且局限于笔者的知识水平有限，本书还不足以全面、深入认识马岩村，希望农村区域发展专业的同学们能够谅解。

回想起"马岩经济"的成长史，可谓不易。对编写前期的组织实施让我深深体会到做科研应有的严谨态度，在实地调研中让我意识到"没有调查就没有发言权"的重要性和意义所在。在马岩村多次的实地调研过程中，与马岩人民友好接触让笔者看到了乡土人民的淳朴、勤劳与善良。不论是"马岩经济"还是马岩人民，都将成为笔者今后工作、教学的不懈动力。

本书的顺利面世是本专业所有师生汗水和辛劳的最好报酬。在笔者提出编写"马岩经济"这一想法后，得到了师生们的大力支持。在笔者拟定题目、梳理写作大纲、制订调研方案后，本专业师生数百次深入马岩村开展田野调查，收集、掌握了大量原始资料，让"马岩经济"拥有了充足的话语权。在本书的编写过程中，徐玲琳副教授和龙建辉老师曾与笔者一起多次带领学生前往马岩村调研，刘剑同学负责了调研方案的具体实施，组织学生展开资料的收集。借此机会，对徐玲琳副教授、龙建辉老师和刘剑同学为本书的辛勤付出一并表示感谢。此外，本书能够面世还离不开马岩村总支委员会和村民委员会（以下简称两委会）及村民的大力配合与2009级农村区域发展本科专业所有学生的辛勤付出。本书的呈现集中了教师和学生的集体智慧，笔者对所有参与本书编写的同学和给予本书编写指导及修改意见的专家表示衷心的感谢！对编写组开展调研给予支持的马岩村支两委会和勤劳善良的马岩村村民深表谢意！

现在，我们将贵州省第二批省级特色专业——农村区域发展实践教学成果呈现给大家，与大家一起分享我们的实践经历与心得，请大家批评指正为盼！

编　者

2014年6月于照壁山下坞泥河畔

目 录

第一章　走进马岩 / 1
　　一、马岩村概况 / 1
　　二、自然概况 / 3
　　三、历史沿革 / 6
　　四、民俗文化 / 9
　　五、人口结构 / 12
　　六、社会经济 / 14
　　七、发展思路 / 15

第二章　马岩村传统手工业 / 17
　　一、马岩村土法造纸 / 19
　　二、土法造纸的传承现状及原因 / 37
　　三、土法造纸工艺保护与传承的路径选择 / 39
　　四、思考与讨论 / 42

第三章　马岩村现代工业发展 / 44
　　一、铜仁马岩村阳光锰业的现状及影响探析 / 45

二、马岩村阳光锰业发展中出现的问题及应对策略
探讨 / 47

三、马岩村工业企业发展方向及措施保障探讨 / 50

四、结束语 / 52

第四章　马岩村的畜牧养殖业 / 54

一、研究背景 / 54

二、马岩村畜牧养殖业发展状况分析 / 55

三、马岩村养殖业存在的问题 / 63

四、关于促进马岩村养殖业可持续发展的对策建议 / 65

五、小结 / 66

第五章　马岩村大棚蔬菜种植产业 / 69

一、"三农"问题的重要性以及国家、贵州、武陵山区对
"三农"的相关支持政策分析 / 69

二、马岩村蔬菜的种植历史、发展现状分析 / 71

三、马岩村大棚蔬菜发展中存在的问题及解决对策 / 74

四、促进马岩村大棚蔬菜发展的路径选择 / 79

五、结束语 / 80

第六章　马岩村土地资源利用 / 82

一、马岩村土地利用的现状 / 82

二、马岩村土地利用存在的问题 / 83

三、提高马岩村土地利用效率的对策 / 86

四、优化马岩村土地资源有效利用的对策建议 / 89

第七章 马岩村农民专业合作组织 / 93
一、农民专业合作组织概述 / 93
二、马岩村农民专业合作组织概况 / 94
三、存在的问题 / 97
四、对策与建议 / 100

第八章 马岩村劳动力外流对本土经济的影响 / 104
一、农业剩余劳动力的概念及其产生的原因 / 104
二、马岩村劳动力现状及分布 / 105
三、农业剩余劳动力转移的经济效应 / 107
四、有效引导与控制农业剩余劳动力转移，促进区域经济的发展 / 112
五、小结 / 115

第九章 马岩村新型农村合作医疗制度 / 118
一、新农合在马岩村取得的成果 / 118
二、新农合在马岩村运行中存在的问题 / 122
三、进一步完善马岩村新农合的建议 / 125

第十章 马岩村环境卫生及整治 / 130
一、构建农村垃圾处理及排污系统的必要性和意义 / 131
二、马岩村垃圾处理及排污系统建设的现状 / 133

三、构建马岩村垃圾处理及排污系统的制约因素 / 135

四、马岩村垃圾处理及排污系统构建的方案设计与选择 / 138

五、几点建议 / 141

六、结束语 / 143

第十一章 马岩村基层党建与管理 / 146

一、马岩村民主管理的现状 / 146

二、马岩村民主管理中所存在的问题 / 149

三、对策与建议 / 152

四、小结 / 154

附 录 商业计划书《开心农场——马岩村休闲农业体验基地》 / 156

第一章 走进马岩

一、马岩村概况

　　灯塔办事处马岩村于 2007 年由原漾头镇马岩村和共同村共同组建而成，其位于铜仁市东部，距市区 10 千米，交通便利，铜仁至麻阳出省公路穿越境内，渝怀铁路和十里锦江贯穿全境。马岩村东与漾头镇九龙村相接，南与茶园山，西与滑石乡三寨村，北与云长坪镇路腊村相邻，距铜仁市碧江区 9 千米、灯塔办事处 4 千米、九龙洞 4 千米，铜麻公路、灯塔大道贯穿全境，水陆交通便利。全村由 12 个村民小组组成，居住着汉族、土家族、侗族、苗族等 834 户、3091 人①。马岩村的落鹅、岩董、坳田董三个居民组的农户生活在不通公路的锦江右岸，背靠六龙山，面朝锦江，人们出行、生产只能借助船只。马岩村辖区内有七个码头，职业船夫有两个。马岩村人常年划行于锦江河流域之上，为落鹅、岩董、坳田董三个村民组的村民出行提供便利。当然，2/3 以上的村民有自己的船只，但主要用于生产活动，日常出行还是乘坐专门渡船。目前，马岩村外出务工人员占全村劳动力的 2/3，农户兼业化、村庄空心化、人口老龄化现象逐年凸显，年轻劳动力主要前往江浙一带打工，主要从事建

---

① 全国第六次人口普查数据，由灯塔办事处派出所户籍科提供。

筑、流水线作业等类的体力活，这些外出打工的村民基本上每年年底才回家一次。

图1-1 火车驶过马岩村

马岩村拥有土地（含山林、陡坡等）总面积10.6平方千米，其中有耕地面积1900亩（1亩≈0.0667公顷，下同），人均耕地面积不足1亩。当地农民主要从事农业生产，大棚蔬菜种植和香菇培育是其特色产业，农户种植蔬菜历史悠久，现有蔬菜基地3个、1260亩，主要生产大葱、分葱、芹菜和其他时令蔬菜，具有很强的季节性，是铜仁市主要的蔬菜生产基地。农民除种植蔬菜、水稻、玉米外，还生产红薯、油菜等经济作物。此外，马岩村积极发展畜养业，现有养殖小区一个，养殖大户30户，年出栏优质外销商品猪达6000余头，年出栏生猪4000余头。除集中的规模养殖外，还有多家农户喂养着大量山羊，这些都构成了马岩村多样化的产业结构。

2009年，马岩村制订了详细的乡村旅游发展规划方案。至此，马岩村正式纳入铜仁市乡村旅游发展规划纲要，周末开车前往马岩村垂钓、自摘蔬菜瓜果的市民越来越多，马岩村乡村旅游产业逐渐走上正轨。2010年，马岩村建立村党总支，村党总支下辖3个产业党支部、6个党小组、党员65名[①]。马岩村党组织积极带领村民致富奔小康，曾先后被省、市、区表彰为"五个好"基层党组织。2011年，因灯塔循环工业园建设需要，马岩村600余亩土地被征收纳入到园区规划建设范围内，马岩村产业结构再次发生改变，产业结构趋于合理化。

图1-2 马岩村乡村旅游发展规划方案

二、自然概况

马岩村地貌复杂，多山地，少平原，资源丰富，土地富饶，村内最高海拔445米（半坡田村民组），最低海拔240米（落鹅村民组），平均海拔342米。拥有储量丰富的植被资源、水资源、土地资源及未开发的矿产资源。

（一）水资源

马岩村水资源极为丰富，且均为淡水。贯穿全村的锦江河，是马岩村名副其实的母亲河，终年哺育着沿河村民。锦江河水除

---

① 此数据截至2012年年底统计。

用于农民的生产生活之外，它还承担着交通运输的使命，常年有机动船运行于锦江河上，为附近村民的日常生产生活提供了便利。但是，锦江河也有其明显的丰水期和枯水期，丰水期主要集中于每年的8~10月，枯水期集中于12月至次年2月。除了锦江河外，夏季丰富的降水也为马岩村民生产生活带来了大量的地表径流，冬季的降水相对较少，地表水水位下降，但由于地处喀斯特地区，干旱时地下水会自动调节水位，部分溶洞的水也会流出补给。比如黄腊洞①内的流水就终年不断，除供给半坡田村民组的村民生产外，还提供黄腊溪水电站的发电用水。

图1-3 水天一色

(二) 森林资源

马岩村属典型的亚热带季风湿润气候，优裕的气候条件和水源资源为马岩村的植被生长提供了得天独厚的外部条件。马

---

① 也作"皇腊洞"，一个巨型喀斯特溶洞，据说是明朝一逃亡皇帝的藏身之地，故后人称为"皇腊洞"，究竟是"黄腊洞"还是"皇腊洞"尚无据可考。此处不作深究，但为了行文统一，下文统一使用"黄腊洞"。

岩村森林覆盖率达70%以上。走进马岩村给人的第一感觉就是身临青山绿水中，如在画中游。植被资源中多以竹类为主。丰富的竹子资源不仅为马岩村的生态披上了浓厚的外装，而且为当地村民发展手工业或其他生产活动提供了丰富的原材料。在今后，这些丰富的植被资源将为马岩村发展生产、发展旅游业发挥巨大的资源优势。

图1-4 丰富的植被资源

（三）土地资源

马岩村拥有土地面积10.6平方千米，其中有耕地面积1990亩，主要集中于上木林、中木林和下木林等村民组，全村人均耕地面积不足1亩。近年来，伴随打工潮的到来，越来越多的年轻人带着全家前往江浙一带务工，从而导致了马岩村大量土地被闲置、搁荒，土地流转现象明显。2011年，因铜仁市打造灯塔循环工业园区的需要，马岩村土地被政府征收600余亩，村民得到每亩28 000元的补助。2013年，马岩村拟修建马岩河水库，项目总投资30 457.91万元，马岩水库正常蓄水位279米时，将有林地60.18平方千米和耕地13.71平方千米被淹没。可见，一系列的项目建设将使马岩村的耕地资源逐年减少，农业的可持续发展值得思考和探讨。

马岩村属典型的亚热带季风湿润气候，夏季高温多雨，冬季温和湿润，日照充足，为农业生产提供了有利条件。值得欣慰的是，马岩村还拥有储量喜人的钾矿资源，现正在对其开发利用进行论证。

三、历史沿革

（一）地名的由来

马岩，一个具有传奇色彩的地名。1941年以前，今马岩名曰"马脚岩"。据今马岩村84岁高龄的岩董组吴老介绍，马岩这一地名的由来有一个传说。传说在远古时有一位神仙骑一匹白马从锦江下游沿河而上，前往今滑石乡方向，神仙骑的马从今天的马岩渡口上岸，因马上岸时要用力，所以在上岸那一刻白马的两只前蹄在岸边的岩石上踩下了两个很深的马蹄印。在白马继续前行途中，在今马岩村民组村民居住点的北端、半坡田村民组下部的山崖前，因河沟太窄，白马在前行时被磨蹭在了崖壁上，并留下了一个马印，故曰"马岩"。结合之前白马在今马岩渡口边踩下的马蹄印，马岩也叫"马脚岩"。吴老介绍，那两个马蹄印在他年轻时还看见过。另一位高龄老人也表示看到过。现在由于漾头电站蓄水发电，以致上游水位上升，那两个马蹄印已被水淹没，所以今不得举证。而传说中所谓的马蹄印也确实存在于山崖上，很形象，只是马前行的方向与传说中马前往的方向不一致，这不得不成为一个疑点。然而，由于没有相关史书资料记载马岩地名的由来，马岩地名的渊源无文献可查。故有关马岩地名的由来及传说还有待进一步考证。

(二) 建置变迁

马岩村是一个有着悠久历史渊源的少数民族村落。明代以前，今铜仁市漾头镇的杜家园和今马岩村岩董村民组两处新石器古文化遗址出土的石器残片、夹砂红陶和灰陶残片，证明了今马岩村在远古时期就有人类生息繁衍，但是马岩村乃至漾头镇的古代建置沿革无过多文字考究。

1932年，原铜仁县设7个区，下辖4个镇86个乡，此时马岩设镇，属省溪县第五区管辖。1935年，铜仁县的行政区划调整为5个乡、19个联保，各区联保以数序命名。1938年，今漾头镇分属省溪县第三区的两个联保，其中马脚岩、吴家湾、毛坡属第三联保（以数序分别命名为1保、2保和3保）；1941年，撤销省溪县，将其辖地并入铜仁、玉屏两县，同时推行"新县制"，废除区和联保，县辖行政区域改为乡（镇）、保、甲3级。当时，铜仁县调整成2镇18乡，马岩设乡。1942年，县辖乡减为16个，按当时县政督导团的6个督导组，分为6个督导区域，马岩乡属于军事科督导组。1943年，县辖2镇不变，农村16个乡调整成15个，铜仁全县共辖2镇15乡，181保，1942甲，马岩乡设15保。

表1-1　　　　　　1949年马岩乡设保情况①

	1保	2保	3保	4保	5保	6保	7保	8保	9保	10保	11保	12保	13保	14保	15保
马岩乡	踏冲	三寨	高界坪	芭蕉冲	堰塘	学地	万家庄	落箭坪	吴家湾	马岩	路腊	大硐	小田	枫木坪	新寨

新中国成立以后，今马岩村的建置同样经历了多次调整。

---

① 根据《铜仁县志》整理。

1949年12月1日，铜仁县人民政府成立，先后建立了6个区人民政府（各区以地名命名，1950年2月改以自然数字命名，1955年改以驻地命名），下辖原国民政府时期设置的1镇15乡及所属保甲，此时马岩依然设乡，由川硐区（铜仁县第六区）所辖。1950年5月中旬，铜仁县取消城乡保甲制；同年10月，全县各区、乡先后建立了156个村，从此废除了保甲制度。1953年2月，马岩乡划分为马岩、三寨、芭蕉冲、小田（1954年2月更名为滑石乡）4个小乡，同年4月又从马岩乡分出云场坪乡。1956年9月，铜仁县撤区并乡，建立4个中心指导组（后改建为工作委员会），62个乡合并为38个乡，马岩属于川硐中心指导组。1956年9月，芭蕉冲大部分并入三寨乡，而芭蕉冲的地理、学地、老拱桥和三寨乡的中木林、下木林等处并入马岩乡，马岩乡的区域面积逐渐扩大。1956年，铜仁县分别建立东风、灯塔、红旗人民公社及管理区，马岩属灯塔人民公社管辖。1957年10月，在1953年时从马岩分出的云场坪乡再一次并入马岩乡。1958年，铜仁县组建了幸福人民公社等14个人民公社。此时，马岩乡已从灯塔人民公社分出，建制单位为马岩管理区，属漾头人民公社管辖。1958年12月底，铜仁县的1镇、14个人民公社撤销后建立了5个大公社，下辖37个管理区。1960年1月，云场坪管理区并入马岩管理区。1961年8月，铜仁县建立5区1镇，下辖21个公社，8个街道及后来建立的两个公社。此时马岩管理区改为马岩公社，属漾头区管辖。这时，茶园山划入马岩，1963年2月，撤销城关镇，全县建6个区，下辖1个镇，由原23个公社调整为36个公社，马岩公社仍属于漾头区。1966年，云场坪公社划入马岩公社。党的十一届三中全会以后，基层政权机构改革，政社分设，全县29个公社更名为29个乡。1984年6月24日，马岩乡的云场坪、枫木坪、路腊3个行政村和云场坪矿区划出建立云场坪镇，此时马岩乡全称为马岩侗族土家族苗族乡。此前马岩和云场坪的关系时分时合，至今终于完全相离。1992年，贵州省人民政府批复同意铜仁市建镇并乡撤区行政区域的变更，其中撤销漾头侗族乡、马岩侗族土家族苗族乡合并建立漾头镇。1996年全镇辖1居7村47组。其中：马岩行政村，辖区面积10.18平方千米，辖马岩、半坡田、上木林、中木林、下木林、卢家湾、吴家湾7组、413户、1546人；共同行政村，辖区面积6.06平方千米，辖岩董、坳田董、金斗量、白果冲、落鹅5个村民组，共有283户、1146人。

2007年，原漾头镇马岩村和共同村组成今天马岩村，全村由马岩、上木林、中木林、下木林、半坡田、岩董、坳田董、吴家湾、卢家、斤斗量、白果冲、落鹅12个村民小组组成，居住着汉族、土家族、侗族、苗族等834户、3091人。

四、民俗文化

马岩村是典型的少数民族聚居区，这里居住着苗族、侗族、土家族等少数民族。关于马岩村的民俗文化，最具代表性的就是土家族传统民俗文化，而这种代表性的文化主要集中于落鹅村民组。

落鹅村民组的人的姓多为黄氏和杨氏，其祖籍是临近的湖南省麻阳苗族自治县，至于迁移的历史无证可考，在当代人口中也只能得知"好几百年了"的模糊概念。因为现在最老的老人也是出生于落鹅，所以对于他们的祖先何年迁于此已没有详细确切的答案。关于落鹅土家居民传统的民俗文化，落鹅人除了保留土家族的一般风俗外，最热闹的是过春节。鹅落人的除夕夜为腊月二十八，据说是为了纪念一位先祖而提前过年的。相传这个先祖是一位将军，在年关前要赶往前线打仗，全家提前团聚过年，既是为将军饯行又是辞旧迎新。腊月二十八日这天，家家户户贴对联、打扫卫生、办丰盛的团圆饭。当家的男人抬着猪头、提着香纸、酒，到"天鹅"山脉下、土地庙、田边地角、猪栏牛圈、灶房等凡是与生产生活有关联的地方，祭奠相应的神灵，祈求来年五谷丰登、六畜兴旺、老少安康。敬罢神灵，再燃放鞭炮，全家聚集吃团圆年饭。大年三十夜，落鹅人有一个特别的仪式——深夜12点以前敬四官神，每家在堂屋中间放一张八仙桌，桌上放四个酒碗，桌中央放一个煮熟的猪头、猪尾（有头有尾，代表整头猪），猪头上放一把菜刀作为割食的用具。敬神人必须虔诚，不得嬉笑，以免得罪神灵引来不顺。供品备齐，主人焚烧香纸，向碗内酌酒，每向碗里酌一巡酒，率领家中男丁作一次揖，酒过四巡作揖四次，开始燃放爆竹。这一仪式除了辞旧迎新外，重在祈求四神保佑，来年阴阳和谐，平安吉祥。爆竹停息，祭奠完毕，参与祭奠的人用刀切割猪头肉吃，并喝酒、划拳，预示在新的一年里从第一个时辰起就愉快、富足。正月里，村民都有自己的一份事情：男人敲锣打鼓，跳茶灯打情骂俏；女人三五成群打霸王鞭，边唱边跳自娱自乐；锣鼓声，女唱男和声，老少的欢笑声，让村寨沸腾。这些活动从正月初一开始持续到正月十五。若逢玩龙灯之年，则将这种气氛带到周边村寨，让外村人同享节日快乐。

落鹅在锦江岸边，下行二十几千米就进入湖南境内。在过节上无不带有楚文化的气息。过端午节时，落鹅人在吃粽子之前须举行一个仪式：在所有土里点上蜡烛，焚烧香纸，且念念有词，大意是祈求土地神给河里的鱼说清楚，不要去吃屈原的身体，我们有上好的东西供它。此前是任何人也不能尝粽子的，在向河里撒下一颗粽子之后，全家人再吃；否则不虔诚，村民会担心激怒鱼神、河神，影响出入坐船平安。惊蛰节点石灰念咒语驱蛇虫，正月二十立竹片粘红粑封八哥口，七月半为亡人送盘缠、送茶、送粑等民俗活动，虽与其他地方相似，但在落鹅人手里做得十分精细周到，没有半点演化的痕迹，真是原汁原味。如今，在铜仁市政府的大力支持下，落鹅村民正着手打造民族村寨，发展乡村旅游业，具体的规划图已经绘制完毕并公示。相信在政府的支持与村民的共同努力下，落鹅能够找回村寨历史的真实——落鹅会更加神秘、古朴，其文化内涵也会更加丰厚。

除落鹅村民组浓重的传统民俗文化外，马岩村还传承着赛龙舟、打糍粑等乡土文化。打糍粑已经在慢慢地淡出人们的生活，而赛龙舟这种文化可以说在整个铜仁地区都有。但是相对于其他地方，马岩村的赛龙舟文化保存得更完整，该村拥有自己的龙船，在铜仁地区每年的端午节或其他常规比赛中派出男队和女队，均可以获得优异的成绩。2012年下半年，马岩村所辖的吴家湾、马岩等村民组自行集资修建了属于自己的龙船。用吴老的话说就是要将这种文化传承、发展下去。我们也希望马岩村能够将他们的本土文化久久传承发展。

图1-5　马岩村龙舟队比赛前训练

五、人口结构

根据全国第六次人口普查数据，马岩村 12 个村民组共 834 户、3091 人。其中，男性 1609 人，女性 1482 人，0~14 岁 547 人（男性 287 人、女性 260），15~59 岁 2072（男性 1079 人、女性 993 人），60 岁及以上 472 人（男性 243 人、女性 229 人）。

从人口性别结构看，马岩村的人口性别存在一定程度上的失衡。2010 年第六次全国人口普查主要数据公报公布的数据：全国总人口为 1 370 536 875 人，大陆 31 个省、自治区、直辖市和现役军人的人口中，男性人口为 686 852 572 人，占 51.27%；女性人口为 652 872 280 人，占 48.73%。总人口性别比（以女性为 100，男性对女性的比例）由 2000 年第五次全国人口普查的 106.74 下降为 105.20。而马岩村的男女性别比为 109∶100，以女性 100 为基数，男性在 103~107 的范围内为正常水平，马岩村的男女性别比在趋于正常。

从人口年龄结构来看，马岩村的高龄老人很普遍，与这里的自然环境、气候条件有着紧密联系，依山傍水，森林覆盖率高，空气质量好，经济竞争小，民风淳朴。三代同堂、四代同堂的家庭很常见，甚至出现五代同堂。从青壮年比例和出生的孩童情况看，马岩村的人口老龄化低于全国水平。国家计生委 2010 年的数据显示中国的总人口是 13.39 亿，60 岁以上的老年人口为 2.31 亿，老龄化程度达到 17.25%；2010 年马岩村的总人口是 3091 人，60 岁以上的老年人口是 472 人，老龄化程度达到 15.27%。马岩村的老龄化比例比全国的平均水平低 1.98 个百分点。国际上通常把 60 岁以上的人口占总人口的比例达到 10%，或 65 岁以上人口占总人口的比重达到 7% 作为国家或地区进入老龄化社会的标准。从这种界定看马岩村已经进入老龄化社会。

从人口职业结构来看，在村的村民主要是从事农业生产。这些从事农业生产的人群多是妇女和中老年人，职业改变的几率很小。马岩村的一些村民组中，比如吴家湾，待在家中的多是老人、妇女、学生和未入学的儿童，这些人群中的劳动力从事的职业主要是农业生产和手工制造。青壮年劳动力大多数在外地工作，从事的职业多是制造业。青壮年劳动力的外出对当地农业生产产生了很大的影响，农业规模化生产的实施受到了很大局限，务农的主干劳动力呈现高龄化和低龄化。当然，全村12个村民组外出务工的人数也是不平衡的，有的组外出务工的人数多，有的组外出务工的人数少。如下木林村民组中，劳动力本地就业占绝大多数，就业前景好，自主创业者不在少数。自主创业的范围广，有商店、水泥砖厂、汽车修理厂、煤厂等。工程车队、公路建设者也是当地就业的一个影响因素。

从家庭经济状况来看，马岩村人民的生活水平比较均衡，中等水平家庭占大部分。马岩村的贫富划分标准是：以前以传统的家庭占有农田的多少来评判，现在的经济状况下则以家庭用电量来评判。月用电量达到100元以上、50元以上、50元以下分别为富裕、中等、贫穷的划分。

从家庭结构来看，马岩村的家庭成员结构普遍是倒金字塔形结构，最常见的是422结构，同时有423结构和421结构。生育两个孩子是一般家庭的选择，三代同堂或四代同堂的家庭普遍存在分家的现象，分家的类型大致可以分为父子间、兄弟间、父子兄弟间三种。独生子女家庭的数量在逐年增加，这与年轻人外出接触的新思想新观念有很大影响，自我意识的强化、经济压力的增加、社会风气的转变等都是年轻人选择生育一胎的重要因素。

从人口婚姻状况来看，初婚在中老年人的婚姻是终生的，离婚率低，存在个别离婚的现象。年轻一代有着与上一代人不同的婚姻观表现。社会风气的改变，市场经济开放的影响，年轻一代人对于婚姻的开放也有表现。

从人口的教育状况来看。随着义务教育的推广，九年义务教育的实现率非常高。人民收入水平和生活水平的提高对子女的学校教育有更多重视。然而，随着外出务工的青壮年增加，对于有子女的家庭会疏于对子女的正确引导和管制。孩童时代和青少年时期是接受知识、身心健康发展的重要塑造期，父母与子女的分隔，导致子女对家庭观念的冷漠，对于父母概念的忽视，对于亲情的忽略。隔代教育成为马岩村主要的家庭教育模式。

马岩村的人口结构正在从传统模式向现代模式转变，做好人口数量控制的同时更重视人口素质，才能让马岩村的人口结构向良性方向发展。人口结构的良性发展才能真正促进社会经济的长远发展。

六、社会经济

近年来，马岩村两委会凭借自身独特的自然、人文条件及政策机遇，不断调整产业结构，转变经济增长方式，依托自身优势加快推进全村经济增长，通过发展蔬菜、香菇、畜养，因地制宜发展产业，使全村人民脱贫致富，走出一条有特色的农村经济发展道路。岩董村民组是马岩村的两个特色蔬菜种植示范点之一，蔬菜是村民的主要经济收入来源。自2008年起，政府先后在马岩村的岩董村民组和坳田董村民组投入200余万元修建蔬菜基地，搭建了368个钢筋水泥大棚架，长200米的机耕道，1600多米灌溉渠道，配备2台专用变压器，价值3.8万元的光照式灭虫灯、太阳能杀虫灯和1000多米的蔬菜公园长廊，建设了喷水灌溉设施。其中，岩董村民组有122户人家，到目前为止，种植蔬菜的有60户，占岩董村民组的49.1%。岩董村民组有300多亩土地用来种植蔬菜,有183个蔬菜大棚,大棚面积占总面积的30.5%。蔬菜种类为市场大宗品种,根据农户的估算,淡季每天的蔬菜销量在4000斤(1斤=0.5千克,下同)左右,旺季每天的销售量在10 000斤以上,是铜仁市蔬菜的主要供应地之一。当前,全村组组通自来水,户户通电,全村拥有1所小学,3个卫生室,7个码头,5家稀有金属加工工厂,1个农民生产专业合作社,3个农户专业合作组织,30多家个体经营户,村民人均年收入2000元左右。"小洋楼"越来越多,基础设施逐步改善,生产生活环境不断优化,村容村貌明显改观,农民主体作用进一步凸显,民主管理深入人心,工作机制不断创新,社会事业不断发展,农民生活呈蒸蒸日上之势。

图1-6 马岩村香菇产业

七、发展思路

马岩村通过发展蔬菜产业,使辖区农民脱贫致富,走出了一条有特色的地方经济发展道路。以马岩村两委会为首的领导班子充分利用自身优势,积极调整产业结构,改变经济增长方式,其发展的特色产业蔬菜、香菇等促进了当地经济增长,增加了农民收入,颇具启发意义。

马岩村部分村寨纳入碧江区政府规划的灯塔31.2平方千米工业园区，随着阳光锰业、天龙啤酒厂、深凌集团等多家企业入驻，灯塔大道延伸至下木林，基础设施日益完善。为使马岩村经济社会发展在全办事处走前列、创标杆，马岩村两委会以抓好菜园子工程、养殖小区和服务工业园区为突破口，利用本村资源优势大力发展种植业、养殖业。现有蔬菜基地3个共1260亩，主要生产大葱、分葱、芹菜等。年出栏生猪4000余头，大力发展乡村旅游产业，积极推进项目建设，使落户本村企业尽快投产见效，成为碧江区新的经济增长亮点。

图1-7　师生在马岩村艰辛的田野调查

第二章　马岩村传统手工业

马岩村因独特的区域环境、历史沿革和自然条件，以竹资源为原材料的手工工艺发达，具有代表性的有烧烤签生产、洗锅刷加工和迷信纸[①]生产。烧烤签生产主要集中在吴家湾，使用小规格加工机械，常年有3~5人进行加工，根据订单量投入劳动力。洗锅用的刷子主要在吴家湾、半坡田等村民组，多为年迈的老人在农闲时进行小规模编制，生产到一定数量时背到马岩街上或铜仁城区出售，售价为1元/把。而迷信纸生产则是规模较大的乡村传统手工产业，马岩村的迷信纸生产已经有近四百年历史，在集体经济时代，马岩村的迷信纸生产主要由集体统一组织生产、统一销售，到了20世纪80年代初，迷信纸生产逐渐分包到户，农户自主经营、自负盈亏。今天，马岩村的迷信纸生产逐渐被机械造纸所取代，剩下的传统手工作坊及从业者寥寥无几。在本章中，我们选取了马岩村的传统手工造纸工艺作为研究对象，通过实地调研，将土法造纸这门鲜为人知的乡土造纸工艺呈现给读者，让更多人认识造纸术和农民的智慧，同时也促使当代人对传统非物质文化遗产资源的保护发展展开思考和努力。

---

① 迷信纸实为冥币，用于丧葬、庙会、祭祀等特殊场合，生产迷信纸的工艺称为"土法造纸"。为尊重乡土知识的原真性，文中行文统一使用"迷信纸"和"土法造纸"。

土法造纸作为一种传统的生产方式产生并延续于极少数农村。在今天,土法造纸作为一种传统生产工艺,不仅具有一定的历史文化意义,同时还作为一种副业在农户家庭经济结构中扮演着一定的经济角色。在科学技术是第一生产力的今天,马岩村的土法造纸也或多或少地融入了现代生产要素,其生产方式更加多样化与复杂化,未来的命运也令人担忧。

为了深入挖掘马岩村的土法造纸工艺,真实记录传统手工造纸工艺的基本流程、生产智慧和发展现状,将其呈现给更多世人。同时,也为探讨市场经济条件下马岩村土法造纸的社会意义、经济意义和文化意义,我们选取了土法造纸工艺保存较为完整、生产规模最大、从业人员最多的吴家湾村民组为调查对象,对该处的土法造纸工艺进行了实地调查。在调查期间,不仅参观了土法造纸的作坊和各工序设备,还亲身体验了造纸工作,对土法造纸的历史沿革、原材料、生产规模、工序、设备名称、销售渠道及收益等方面进行了大量访谈。观察法与访谈法的结合为探究马岩村吴家湾村民组的土法造纸工艺提供了大量支撑资料。通过调查分析,发现土法造纸作为农户的一项家庭副业在生产农户家庭收入结构中占有较大比例,从业者具有较高的生产积极性,相对于在农闲时外出打工,在家造纸的风险更小。但与此同时,土法造纸在马岩村吴家湾村民组正逐渐走向"失传"的危险边缘,造纸自身存在的工序繁杂、效益低等缺点及产业结构的调整和打工经济的出现是造成这一危险局面的主要原因。

土法造纸作为一种传统生产工艺,或者说一种文化现象,它代表的不仅是马岩村村民创造并守护的物质财富,更是中华民族传统优秀文化的突出表现。如何在现代化浪潮中对其实现有效保护与活态传承,是一个值得专业领域内职能部门和研究人士认真思考和研究的重要课题。

一、马岩村土法造纸

本次调查以田野调查法为主，通过大量访谈和实地考察，详细了解了马岩村吴家湾土法造纸的生产、加工设备、销售、价格等各方面的基本情况，最后根据调查结果展开分析。

（一）吴家湾概况

马岩村吴家湾村民组属于马岩村农户居住相对集中的一个小组，与卢家村民组紧紧相邻。早在渝怀铁路修建之初，由于卢家隧道的开挖，大量的泥土石块被运填到农户田地里，当地人称为"弃渣场"，后来由政府统一规划，在铜仁至麻阳的公路两侧，即在被泥土石块填埋的土地上修建"小洋楼"，再由当地农户以每平方米300元的价钱购买所有权，每幢"小洋楼"为三层，呈"凹"字形，一幢小楼房由两户人家平均对称所有。该组农户的家庭经济收入来源主要是务农，有一个香菇专业合作社，个别农户从事焊接、伐竹和竹制品手工制作等副业，大多数年轻人已前往江浙一带务工，偶尔逢年过节才回家，留守老人和空穴家庭现象普遍。马岩村竹子资源丰富，而丰富的原材料使土法造纸成为必然并延续至今，这种在当地被称为"迷信纸"的纸张主要供当地祭祀、丧葬、庙会时使用。在20世纪80年以前，这种纸张还一度被用于书写用纸和女性用纸。马岩村的土法造纸已有近四百年的历史，除吴家湾村民组外，马岩村还有上木林、半坡田、斤斗量、落鹅、白果冲等村民组有土法造纸工艺。当前，吴家湾组有四户人家从事迷信纸的生产、加工与销售，其中有三户属于传统的生产方式，仅有一户采用了现代生产设备进行规模生产，另有几户人家从事半成品的加工与销售。由于迷信纸的生产过程极其辛苦复杂，工序繁多，耗时耗力，许多人家已放弃了该项手艺而选择外出务工或从事其他产业，导致在当地从事迷信纸生产的农户越来越少，土法造纸工艺的保护与发展面临尴尬局面。

（二）迷信纸的生产流程

迷信纸的生产过程复杂，流程众多，耗时费力，包含了竹子砍伐打理、浸泡、清洗、碾压、舀纸、脱水风干、切割打孔等多道流程。马岩村的竹子资源丰富，可以在很大程度上满足当地迷信纸的生产需要。据造纸师傅吴伯介绍，山上竹子虽多，但品种不一样，不是所有的竹子都可以用来造纸。马岩村造纸用的是洋竹，因为其材质要好一点，造出的纸质也相对要好，而山竹、毛竹等品种的竹子碾成的料要黏一点，不利于纸张的形成与分层。据说，马岩村山上的这些洋竹是清朝时一个老板（商人）出资雇人栽种的，当时那位老板就在马岩从事造纸业，故马岩村造纸历史悠久。在1980年分户后，这些竹子都进行了所有权划分，几家分一片竹林，现在都是各家砍各家的竹子用。竹子属于一年生禾本科植物，合理采伐能够促进其再生率。现在很多人家由于没有从事造纸工艺，山上的很多竹子都没有砍伐利用，以至于很多竹林已经慢慢变黄甚至枯死。竹子的砍伐有特定的时间段，造纸农户多在每年的腊月和正月进行。因为此期间的竹子已经成熟，并且还不是太硬，竹子采伐后需要进行"肢解"，即把一棵竹子劈成两半以上。农户尽量赶在春耕前把打理好的竹块扎成小捆，放入一个四方的、大小不一的鲊塘中，铺一层竹子，撒上一层石灰，如此反复，直至把竹子堆到与池口相平，然后注入清水，任其浸泡、腐蚀，农户根据自己的农作时间安排下一道生产工序。竹子的砍伐、打理、浸泡最好是一个连续的工作过程，如果把竹子砍回来而又没时间进行"肢解"，那么下次"肢解"竹子时这些原料已经变干变硬，此时要用斧头、锤子等工具将一根根竹子锤打炸裂，才能将竹子"肢解"以利于浸泡。

从竹子的浸泡到"纸精"（用竹子碾压成的碎末）的形成，

图 2-1 石灰水浸泡的原材料

这一期间的工作都是在碾坊进行的。碾压工作开始后，生产者把已经浸泡数月的竹子捞出，在这项工序中还可以根据实际情况将浸泡过的竹子进行清洗，即把鲊塘底部的排水口打开，将里面的石灰水放干，堵上出水口，注入清水随便搅动翻洗，再放水捞出材料。此时的竹子已经在石灰水的腐蚀作用下变得柔软，泡得好的捞出来就可以直接用手撕扯成丝状，而仅是泡软的还需要用砍刀砍成手指长短的小段，然后把处理过的竹子放入碾槽，打开插水门放水冲转水车，带动"流星锤"（石磨）呈顺时针旋转碾压竹段，每槽可以碾出纸精 120~150 斤。把一槽竹段碾压成纸精需要五六个小时，碾压时间长使得生产者必须在每天凌晨 5 点左右起床动身，至晚上 9 点左右下班，这样一天下来可以碾压两槽竹子。碾压好的纸精用口袋装好，再用板车拉回家准备进行下一道工序。详见图 2-3。

碾压好的纸精运回家后还需要再次倒入"舀纸池"。舀纸池是一个直立于地面的四方形水池，舀纸池处于一间只有四根柱

第二章 马岩村传统手工业 | 21

图 2-2 碾槽运转前后

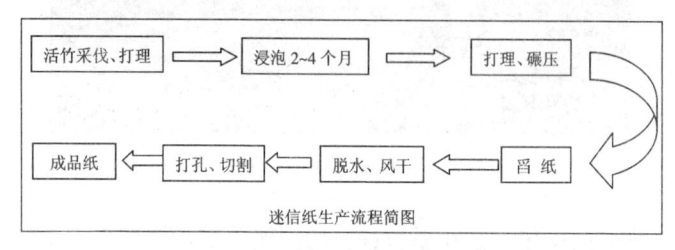

图 2-3 迷信纸生产流程简图

子和屋顶的简易房屋下，整套设备叫做"舀纸房"。纸精倒入舀纸池后可以马上进行舀纸工作，也可以延期舀纸，由生产者自行安排时间进行。舀纸时用一套叫做"帘子"的工具进行，整套工具由帘子、帘架和帘棍构成。帘子是一套纯手工艺制品，由专业师傅用特定材料制成，艺术含量极高。舀纸时需要不定时的用拱耙搅动池中的水，让纸精时刻处于"游动"状态，并不定时地加入一种特殊的"作料"，这种作料是山上野生的棉花根、毛桃根等植物，将这些物质处理后加水会变得黏稠润滑，将这种溶液不定时地加入池中，可以使舀起的纸张光滑有泽，同时使舀起的纸张厚度尽量一致，有些时候也使用滑石粉。每一次将筛子放入池中舀起的就是两张长 90 厘米、宽 24 厘米的半成品迷信纸。吴师傅介绍，每次将纸精舀出那瞬间，整个帘子重 20 余斤，每次进行舀纸工作时的前期都会感觉手酸腰痛。舀起的湿纸平整地放在底板上堆叠，反反复复地重复着舀起、堆叠这一动作，直到堆叠至水柱（让纸张堆叠整齐的一块直立木方）二尺五的刻度时才结束那个单调的动作，然后开始脱水工序。这个湿纸的堆叠高度是有讲究的，一天的舀纸量就以水柱上的刻度为准。

图 2-4　舀纸

在舀纸工序完成后，则进行充满农民智慧和技术含量的榨纸工作。将舀好堆叠的湿纸用盖板盖在最上面，然后在盖板上依次放上三码子、二码子和含口码，三个码子必须放置在盖板的正中，下面则用四根叉码支撑在水柱和高、矮打柱之间，尽量将纸堆固定稳当，不让在脱水过程中因用力而产生变形。整堆湿纸固定稳妥后，将一根八尺长的榨扛套入高打柱内，让含口码卡住不让其滚动，此时已是一副杠杆的"造型"，将这根榨杠翘着的一端用钢丝绳缠绕两三圈套牢，待纸堆固定和"杠杆"到位后，就进行用力环节。用一根五尺左右的木杆套进圆辊子中的小孔中，用力扳动木杆撬动圆辊子旋转。由于圆辊子离地较近，每次只能将其撬转半圈，反复将木杆拔出、插进去撬动，这样会使榨杠不断往下压缩。通过力的作用将纸堆脱水，只听到纸堆下面有哗哗的滴水声。在扳动木杆的过程中，由于用力越来越大，使得在后面时整个人都得抱住整根木杆或是站在木杆上将其压下。在用力扳动木杆的过程中，需要时时观察纸堆的"体型"。如果榨杠没有压在整堆纸的中部，那么就会出现用力不均，导致一边高、一边低，严重时还会使整堆纸面临倒塌的后果，如出现这种情形就需要用农民的智慧来解决。作坊主会将一个"楔子"用锤子或斧头从较低的一面打入榨杠的底部，即榨杠和含口码之间，将力转移到没有压到的一面，然后继续撬动圆辊子转动。当把纸压到与高打柱上的横杠相平，即使整根榨杠平行时，这时需要把整个"杠杆"设备解开，在盖板上加上一两个码子继续进行榨纸，让纸张最大限度地脱水。二次榨纸实际上增加支点的高度，让榨杠能够再次用力。这个榨纸过程需要进行多次，总之要让纸里面的水尽量脱干。当榨纸工序完成得差不多了，作坊主也结束了一天的工作，待到第二天再进行下一道工序。次日，作坊主首先要解开还在压着的榨杠以及四根叉码，搬下纸堆上的码子及盖板，紧接着把整堆纸拍打分成均匀的四小堆。由于在昨日的工作中把一块损坏的帘子放入到纸堆一尺二的位置，以及帘子的正中有一棵较粗的篾子将纸进行了隔离，所以作坊主很轻易地就将整堆纸拍打分成四小堆。这些纸由于还没有完全干，所以还是一个粘在一起的整体。此时，需将四小堆纸堆叠成一堆，重复昨日的榨纸工序，让纸再次脱水，这次榨得好的一次就行，否则需进行两次，总之要让纸里面的水尽量脱干。这次压好的纸就扛回家堆起。值得一提的是，扛纸也是一个很有讲究的方式，在扛纸时将一根木方贴在纸的正面，然后用力抱起扛在肩上。木方起着平行纸堆的作用，使纸堆不至于在扛的过程中因为柔软而弯曲压在肩上，那样既麻烦又费劲。扛回家的纸需要视天气情况安排时间晾晒或者自然风干，在晾晒时需要将两三张厚的纸对中折叠铺在地上，如果天气好的话一天就可以完全晒干。

图 2-5 榨纸脱水

此时，风干或晒干的纸张已属于完全的半成品纸，要成为可以供使用的迷信纸还有最后一道工序：进行打孔、切割。以传统迷信纸加工为例，首先是用錾子对风干的纸张进行打孔，其次则是用大刀将每堆已打孔、厚度一致的长方形纸张进行切割，切成长宽各15厘米、10厘米的长方形纸张。打孔、切割后的长方形纸张就是可以利用的迷信纸。在传统手工加工中，人们主要使用錾子、锤子打孔，用大刀切割纸张；同时还用硬质红蜡块抹擦大刀刀口以润滑，减轻切割时的阻力。当然这些传统的加工户也使用电锯来切割纸张。在两个月前，两位在外打工的吴姓中年男子回来搞起了迷信纸加工，他们投资五万余元从浙江买进了一台全自动切纸机和一台打纸机。相对于传统的手工切纸、打孔，这种机器更加方便快捷、高效增产，而且技术的要求也不高。由于开业才两个月，工作时间也不固定，所以对每天或一个月的成品纸产量尚无参数。

迷信纸的生产流程是极其复杂漫长的，从原材料的采伐到成品纸的出产，其周期几乎可以用一年来核算。当然，这样的生产周期是受农活时间制约的，更多的作业时间由农户自己选定。

（三）生产设备及其功能

迷信纸不仅生产过程繁杂冗长，而且用上的设备也不少，不管是在碾坊还是舀纸房，都包含了许多"有名有姓有功夫"的设备，这些设备在迷信纸生产过程中都起着不可替代的作用。

1. 碾坊设备及其功能

吴家湾村民组的碾坊全部集中在黄腊溪这条沟里，因为这里有河水，有密不可入的竹林，交通便利，地理位置优越，这里除了有一个已改造三年的"现代工厂"外，其余均是传统作坊。上至黄腊溪水电站，下至公路，在一条1000米的沟里有11个碾坊，当前有2个尚在使用、9个废弃、鲊塘85个，面积最大的鲊塘群35个，占地面积约为800平方米，集中在今尚使用的一个碾坊周围。鲊塘多是依地形而建，没有固定标准，大则长约14.4米、宽5米、深1米，小则长3.2米、宽2.56米、深1.22米。这些鲊塘均有一条水沟与干流相连，底部有一个暗洞，分别起注水和排水的作用。根据《铜仁市志》①记载，马岩舀纸始于清康熙年间，至今已有300多年历史。据正在碾压纸精的吴师傅讲，黄腊溪河两岸这些碾坊已有两百多年的历史，设备已经更换了数次，原来是属于马岩生产队的，在20世纪80年代初分配给这些农户。现在运转的两个碾坊中，一个是由两户人家合用，另一个则由一户人家独自使用。这里所说的造纸

---

① 贵州省铜仁市地方志编纂委员会. 铜仁市志：上册 [M]. 贵阳：贵州人民出版社，2003：454.

房和碾坊即是一间简陋不可避风的瓦屋,造纸房由四根柱子搭起,上面盖瓦,下面就是舀纸池和榨架。而碾坊的房子是瓦、木、石的混合结构,造型则各不相同,有的有四根"柱子",有的有六根"柱子",现在正在使用的一个仅有一根"柱子",其造型较为特别,除一根"柱子"外,一面是一堵转角的石墙,一面是依岩石而成的石墙。这里所说的"柱子"是由石头堆砌而成,碾坊的整个房子就由这些石柱子支撑,上面由9根横梁和一根穿插在内部的木杆构成,整个框架呈一个三角形,上面盖的是土瓦。在对一间作坊进行测量时,量得房子石柱高约1.6米、长8.2米、宽6.13米,这不是一个统一的参数,而是由作坊主自行设计建造。作坊的选址更多是依地形而建,但必须是在方便修沟渠和安放水车的地方。碾坊里面就是碾槽,同时有供堆放石灰和其他东西的空间,占地面积平均为30平方米,其中碾槽占了一半多面积。在碾坊中起决定性作用的是水车和水磨。通过水车带动水磨转动,在水车和水磨上包含了很多设备,这些有名有姓的设备都具有其不可替代的作用。经过实地测量,现存较近的两个碾坊距离10米左右。同时,在一个已经废弃的碾坊内还发现了一张仅剩框架的床铺散落在石墙角落,以及一个在屋檐下貌似供奉神灵的石框,由三块大小相当的石块搭建在地上。这个现象说明了人们对神灵的敬仰,希望能够带来好运,获得较好的收入,反映了乡土人民的一种思想意识和行为以及对希望的一种寄托。

在调查期间,正在碾坊碾纸的吴师傅给笔者详细介绍了各种设备的名称,外部主要有水磨和水车,水磨由流星锤、"牛脚杆"、古老木、生子盒、将军栓、大盘岩、外圈岩、槽岩等设备组成,水车又有撬杆枋、月亮板、车叶子、假撬等设备。整个地面上的碾盘直径2.8米左右,碾槽由打磨好的石头镶嵌而成,外表光滑,整个碾槽呈三角形,内窄外宽,外口宽约41厘米,

图 2-6　造纸作坊群

外圈岩（外槽面）高约 20 厘米，内圈岩（内槽面）高约 42 厘米，大盘岩（高出碾槽的圆盘）的直径在 230~246 厘米之间，大盘岩的内心直径约 28 厘米，接近于将军柱的直径。

　　水车分内外两部分，外部是真正的水车，整个水车呈圆形，由四横四纵的八根撬杆枋组成基本框架，再辅之以对穿起加固作用的木板（假撬）。经测量，水车圆面宽 63 厘米，其中车叶子宽 54 厘米，水车直径 256 厘米，整个水车除主轴两端的支点上有铁圈套住外，其余均由木材所制，多数由虫树制成。在水车上起主要作用的是车叶子，由一块木板构成，分布呈倾斜状安装在水车上，当流水流下冲击这些车叶子时，水车就能够转动，但遗憾的是没能统计到整个水车上有多少片车叶子。水车由一根结实牢固的木杆穿插于圆心，两头分别有支点，在木杆与支点接触的地方分别套上了一个铁圈。这个铁圈直径约为 12 厘米，其作用在于减少木杆的磨损，延长其使用寿命。水车的内部即碾坊的下部是一个"机关重重"的有限空间。该空间呈拱形，除去里面的设备外，一般仅能容纳 3 个人待在里面，如果是在水车工作期间，里面更是水花四溅。这个拱形的空间高约为 200 厘米，宽约为 210 厘米，深度为 320 厘米。但这都不是一个固定的参数，有智慧的老农民会依地势自行设计。在这个有限的空间里，有两个用木材制成的齿轮，一个与水车平行套于主轴上，一个垂直于水车套于将军柱上，两轮相扣，通过水车转动带动将军柱转动，进而带动流星锤呈逆时针旋转碾压竹子。不管是内部还是外面，这些设备几乎全为手工制品，都需要不定期更换，更换各种设备的相关费用由使用碾坊的作坊主平均分摊，而设备的制造和修缮则由他们自己进行，因为他们都会做手工活。

图 2-7　水车内外部

表 2-1　　　　　　水车、水磨及其功能

	设备名称	基本简介
水车	车叶子	位于水车外圆面，由一块木板制成，长 54 厘米，呈倾斜状安装在水车上，通过流水冲击其倾斜卡槽带动水车转动。
水车	肩垫	肩垫有两个，一个在内，一个在外，分别位于水车主轴两端的下面，呈 U 型，作用在于支撑并卡住水车主轴，使水车转动时不易偏离。
水车	将军柱	一棵直立于地面的柱子，2/3 在拱蓬内，套在滚珠内，上面有平车；1/3 在地面，连接牛脚杆，带动流星锤转动，其高约 280 厘米，直径约 26 厘米。

第二章　马岩村传统手工业

表2-1(续)

	设备名称	基本简介
水磨	流星锤	一个半球形石块，产自漾头镇，绿豆石所制，每个重约1000斤，直径约为98厘米，厚约24厘米，使用时限多则20年以上，少则10年，现在售价1000余元，其由牛脚杆连接，通过水车带动在碾槽内反复转动碾压竹子，是碾坊的关键设备。
	站车、平车	两个用木材制成的齿轮，平车平行套在将军柱上，战车垂直套在水车主轴上，两两相扣，通过水车带动战车，战车带动平车，进而带动将军柱转动，两车规格一致，其厚约19厘米，轮面宽约10厘米，是碾坊的核心设备。
	牛脚杆	牛脚杆是连接将军柱和流星锤的木杆，呈方形，长约200厘米左右。
	钉子	连接牛脚杆和流星锤的一块铁杆，使流星锤牢牢套在整根牛脚杆上，在使用时需要对"关节"擦上滑油，在不使用作坊时，作坊主将其拆下保管，使其不至于生锈或被人为损害。
	滚珠	即滑轮，俗称"钢珠盘"，其套在将军柱底端，镶嵌于地面，以减轻将军柱转动时的阻力和磨损。

2. 舀纸房设备及其功能

造纸房主要集中在现吴家湾村民组村民住房后面的半坡上，虽然分散但规模较大，至于有多少则是调查中的一个疏漏。现在还在运作的有三个，一个在吴老家的院落里，另外两个在半坡上。

舀纸在的工作场所叫做"舀纸房"，舀纸的池子叫做"造纸池"，这些设施已有两百多年的历史。造纸房以前是吴家湾生产队的，1980年后进行了分户，由各家自行进行迷信纸生产，但在1988年时，迷信纸生产供过于求，价格低廉，同时伴随打工经济的出现，很多农户选择放弃造纸而外出务工。

表 2-2　　　　　　　舀纸坊设备及其功能

	设备名称	基本简介
帘子	帘子	由帘棍、帘架及帘子组成，似筛子，由 358 根竹篾和 61 条棉线编织而成，是舀纸的最核心设备。
造纸池	水平架	一根水平放置在造纸池上的木杆或竹竿，除支撑拱耙和关板外，还是作坊主在舀纸时必须放置帘子停歇片刻的设备。
造纸池	拱耙	一把木制耙子，用于不定时搅动池中的竹精，以利于均匀舀纸。
造纸池	关板	一块长约 100 厘米的木板，放于池子和水平架上，用于放置杂物。
造纸池	包壳	一个用木杆凿成的一个槽子，长约 40 厘米，将其卡在池边缘与腰部时接触的地方，防止腰部的衣服裤子与水泥板过分磨损致损。
榨架	榨杠	一根长八尺的木杆，在使用过程中，一头牢牢卡在高打柱的横杠下，一头用钢丝绳套住，整根木杆处于榨纸工序中的最高位置，其相当于一根杠杆。
榨架	圆辊子	一根圆形木筒，固定在矮打柱离地 5 厘米的位置，上面一头套着钢丝绳，一头是三个对穿的孔（6 个洞）。
榨架	高、矮打柱	高、矮打柱则相当于一张床的四只脚，矮打柱位于离纸堆较远的一方，主要是在脱水过程中将叉码支撑其与水柱之间，以固定纸堆，高打柱除了具有矮打柱的功能外，其还是套牢榨杠的设备。
榨架	板凳木	板凳木就是床的两根横杠，穿插在高、矮打柱离地 10 厘米左右的位置，上面放置底板，以堆放纸堆。
榨架	盖板、底板	两块长约 100 厘米、宽 53 厘米、厚 2 厘米的木板，底板放置在板凳木上堆放湿纸，盖板则压在湿纸上，防止脱水过程中挤压损毁纸张。

第二章　马岩村传统手工业

表2-2(续)

设备名称		基本简介
榨架	含口码	码子中放了一块木墩，厚约20厘米，长50厘米，正面呈凹型，在于卡住榨杠，不让其在用力过程中移动，导致用力不均。
	码子	一块厚约20厘米、长50厘米的木墩，一共有三个，从上往下依次叫做含口码、二码子和三码子，相当于杠杆的支点，根据脱水情况叠加码子。
	水柱	直立穿插在底板一侧边缘的两根木方，一块有刻度，一块可以没有刻度，它的主要作用是使舀出来的纸能够堆放整齐，同时是衡量一天工作量的一个指标。

造纸房由四根柱子竖起，没有门没有墙，上面搭梁盖瓦，呈息山式建筑格调。在造纸房内部，主要由造纸池和榨架组成。造纸池包含关板、水平架、拱耙、包壳等工具，榨架则包含盖板、板凳木、榨杠、圆辊子、高打柱、矮打柱、叉码、码子、含口码、水柱、座底达、底板等设备。盖板是一块厚2厘米的木板，其长、宽的规格和帘子一样，其功能是当舀起一堆纸需要脱水时，把其盖在最上面，防止湿纸在挤压中受损变形。在盖板上面的是码子，码子是一块厚约20厘米、长50厘米的木墩，一共有三个，从上往下依次叫做含口码、二码子和三码子，其中含口码正上面呈凹形，便于在脱水过程中固定榨杠的位置，使用力均匀，故名"含口码"。三个码子的叠加依下面湿纸的厚度而定，但含口码是一定要用的一个码子。榨杠是一根长八尺的木杆，在使用过程中，榨杠一头牢牢卡在高打柱的横杠下，一头由钢丝绳套住，整根木杆处于榨纸工序中的最高位置，其相当于一根杠杆。圆辊子是套在矮打柱下部的一根圆形木筒，其左面（相对于人用力的位置）是一圈钢丝绳，用于套住榨杠，

右面是三个对穿的孔,即有 6 个洞,在榨纸过程中用一根五尺长的木杆插进三个孔中向上的一个,用力扳动木杆往人站的方向倾斜,让榨杠往下压,进而挤压纸堆脱水。高、矮打柱则相当于一张床的四只脚,板凳木就是床的两根横杠,穿插在高、矮打柱离地 10 厘米左右的位置。矮打柱位于离纸堆较远的一方,主要是在脱水过程中将叉码支撑在其与水杆之间,以固定纸堆;高打柱除了具有矮打柱的功能外,其还是套牢榨杠的设备,相当于使用杠杆时需要撬动的物体。但在这里不是要撬动高打柱,而是套牢榨杠不让其松动,以利于脱水工作顺利完成。底板是铺放在板凳架上的用于堆放湿纸的一块木板,它由宽厚相同的两块木板拼成,两块木板之间留有一线小空隙,这中间的小孔便于"排水";在底板上还铺有一张用竹篾编织成的有似于筛子的工具,其名叫座底达,其作用在于隔离(隔离湿纸与底板,防止粘贴在一起)和过滤(过滤从上面纸堆中流下来的水),从一舀纸开始,底板下总响着哗哗的滴水声。水柱是一块穿插在底板边缘(靠近矮打柱一方)的木方,一块有刻度,一块可以没有刻度,它的主要作用是使舀出来的纸能够堆放整齐,同时是衡量一天工作量的一个指标。叉码则是起稳定作用的,将它支撑在水柱和矮打柱之间,固定纸堆,使纸堆不至于在挤压过程中因受力而使下面挤垮。在造纸池中,除了池子外还有其他工具。拱耙是一个木制的耙子,用于搅动池中的纸精,利于纸张的顺利舀起;包壳是一个用木杆凿成的一个槽子,长约 40 厘米,将其卡在池边缘与腰部接触的地方,防止腰部的衣服裤子与水泥板过分磨损致损;水平架是横穿在池子上用于支撑刚刚舀纸时的帘子,即让舀起的纸滤水,也让人有一个喘气的时间,同时拱耙也放在其上面,水平架可以是一根竹子,也可以是一根木杆;关板则是一块简单的木板,将其放在水平架和池子上,用于放置杂物。麻雀虽小却五脏俱全。在舀纸房内,除了上述生产工具外，还有一样在舀纸过程中起决定性作用的设备，应属舀纸工序中的最核心的工具，那就是帘子（见图2-8）。

图2-8 帘子

帘子是用于舀纸的类似于筛子的工具。在调查中，笔者对帘子进行了细致观察，故给予重笔。一把帘子由帘棍、帘架及帘子组成，是由专业人士纯手工制成，一把帘子的使用寿命多达数十年。这种技术含量较高的纯手工制品由竹篾子和棉线编织而成。首先把苦竹划成如细铁丝般的篾子，再进行进一步的处理，把棉线搓成长长的细线，然后凭手艺把一根根竹篾用棉线编织起来。经过三次细数，每张纸所占的面积上包含了179根篾子、61条棉线，也就是说一把帘子由358根竹篾和61条不知其长的棉线编织而成。

在舀纸这道工序中，每件工具都有着不可替代的作用，它们相互轮流上场，共同完成迷信纸的半成品生产工序。这些工具没有现代化的特征，但是农民智慧的真实反映和生产工具变迁的象征。

（四）迷信纸的销售与消费

这种迷信纸主要用于祭祀、庙会、丧葬等有关场合，并且主要的消费市场就在本村和邻村，仅有加工规模稍大的加工户会销售往外地。当本村有农户需要使用迷信纸时就会主动上门购买，也就是说生产者或加工者足不出户就可以完成交易，实现收益。当然，也不排除将迷信纸拿到街上去卖，因为他们偶尔也会在马岩赶集时上街出售。值得一提的是，在集体经济时，吴家湾的迷信纸生产归集体所得，由生产队指定人员专门从事迷信纸生产，在今马岩街上成立了收购站，专门负责迷信纸的收购与销售，最后进行年底分红。但是随着集体经济的解体和市场经济的确立，那种传统的生产、销售模式已不复存在，人们更多的是按约定俗成的交易方式进行。

吴家湾的土法造纸能够延续至今，不是因为人们以其为主要收入来源，而是因为当地有这种独特的消费需求。

（五）一些数据

1. "迷信纸"的计量单位

马岩村生产出来的迷信纸主要是充当了"冥币"的社会功能，迷信纸的计量单位为担，一担纸是100叠，一叠是5张，那么一担纸就是500张，约为2.5斤，这是一直以来使用的度量单位，纸张买卖时也主要以担为单位进行交易。

2. 原材料价格

造纸从业者购买的原材料主要是石灰。但是最近几年出现了专门砍伐竹子卖给造纸农户的经营行为，在马岩村主要是卖给机械化加工厂。在购买的原材料中，石灰的价格波动是最大的，几乎每年都有上涨，从20世纪80时代的每百斤几元钱涨到七八年前的每百斤25元，现在则达到了每百斤40元。而关于竹子的售价方面，现在的活竹子售价是每百斤50元，在五六年前，农户自己砍伐竹子还要通过人力扛回家，现在交通便利了就用汽车运输，运价是每百斤6元，直接运回家再进行称重。相对于之前的人力运输，现在人们更乐意采用汽车运输。

3. "迷信纸"价格的变迁

在十多年前，马岩村生产出来的纸张除了充当冥币功能外，还可以用作书写用纸，尤其是毛笔字用纸，此外还用作女性用纸。在集体经济时候，迷信纸每担的售价是1~1.2元，包产到户以后，每担纸的售价是1.4~1.5元。现在，迷信纸的零售价为每担40元、批发价为每担37~38元。在清明节等用纸高峰期会有一两元的涨幅。

4. 土法造纸的投入与产出效益分析

关于原材料的消耗、产量及收益问题，我们以马岩村吴师傅为分析对象，就造纸的投入产出效益进行简单分析。

投入成本：在竹子均为购买的情况下，5000斤活竹子需要投入2500元。而100斤活竹子需要20斤石灰才能完全浸泡腐蚀，5000斤活竹子需要石灰1000斤，石灰售价是每百斤40元，浸泡5000斤活竹子的石灰成本是400元。那么，在原材料均为购买的情况下消耗100斤活竹子需要成本58元（50+8），接近60元，除去人力资本外，购买和浸泡5000斤活竹子的成本约为3000元。

经济效益：100斤活竹子可以造纸8担，一担纸是2.5斤，100斤活竹子造纸20斤，按照现在的市场价，产生的经济效益是320元（8×40），100斤活竹子扣除固定成本60元外可获利240元。假如杨师傅一年消耗的原材料都是购买的，那么5000斤竹子可造纸400余担，产量在1000斤以上，以每担均价38元计算，那么一年的收入超过了38 000元，扣去除人力资本外的原料成本3000元外，杨师傅一年消耗5000斤原材料的收益是35 000元。2012年10月，吴师傅造的纸已经获利20 000余元。在这里，我们需要指出的是，消耗5000斤原材料的造纸活动不是每个月都要投入劳动力。综合下来，每年实际用于造纸的时间也不会超过4个月，其他时间都在忙于常规农活。

二、土法造纸的传承现状及原因

土法造纸工艺与大多数非物质文化遗产一样,面临着传承难、保护难的困境,如何改变这一尴尬的局面,是近年来社会各界普遍关注的一个话题。在对马岩村传统手工造纸工艺的调查研究表明,这门传统土法造纸工艺的传承随着手工造纸业的时起时伏而时兴时衰。近年来,面对打工经济热潮的兴起,地方工业的多元化,以及产业结构的调整升级,传统手工造纸业已基本退出村落的经济舞台,传统手工造纸工艺的传承和保护面临着前所未有的挑战。如何改变传统的发展方式,提升传统手工造纸工艺在现代产业结构中的地位,促进传统手工造纸工艺的活态传承,是一个亟待解决的课题。

(一) 土法造纸工艺传承现状

土法造纸不仅存在于马岩村,在整个黔东北地区基本上都有,尤其是少数民族地区更为普遍。黔东北地区的土法造纸作为一种传统的民间手工技艺,已有350余年历史[1]。数百年来,手工造纸工艺伴随着造纸业的发展,时起时伏,时兴时衰。从地方志记载的情况来看,20世纪90年代以前,手工造纸业起伏不定,之后迅速衰落。我们不妨列举相关数据加以说明。如《铜仁市志》记载:"康熙十二年(1673)境内有造纸户200余户,手工操作生产火纸。"1947年,铜仁有手工造纸243户,从业者300余人,年产各类纸935吨。1957年铜仁县有135户、386人造纸,年产198吨。进入20世纪70年代,随着机械造纸的发展,土纸生产逐渐被专业造纸厂家淘汰,只有农村少数农户生产土纸,产量小。1976年产土纸55吨。1986年造纸从业农户87户,从业者135人,年产土纸48吨。从以上列举的数据可

---

[1] 田志军.铜仁市志[M].贵阳:贵州人民出版社,2003:454.

以看出，无论是造纸从业农户，还是从业者，新中国成立后手工造纸业都明显呈现出衰落的趋势，与康熙年间相比，这种趋势则更为显著。在对马岩村的田野调查也表明，手工造纸业的衰落已经成了不可逆转的趋势。我们在马岩村调查时，沿着黄腊溪对过去手工造纸留下的遗址进行了清点，在1000余米的溪流两旁有碾坊11个，间隔最近的两个碾坊之间的距离为10米；鲊塘85个，面积最大的鲊塘群为35个，占地面积约为800平方米。由此可见，过去黄腊溪的手工造纸业已是相当兴盛。然而，那种兴盛已成为历史，目前尚在正常使用的碾坊仅有2个，80%以上的碾坊已经废弃。随着碾坊的废弃，绝大部分鲊塘也相继丧失其原有功能而退出经济舞台。同样，我们在从云舍去岑忙山的途中，沿途溪沟两旁废弃的鲊塘数也在百数以上。

图 2-9　废弃的作坊

综上，传承者日趋减少，生产设备逐渐废弃，土法造纸工艺的保护与传承现状不容乐观是当前土法造纸工艺面临的主要困境和真实写照。

(二）造成土法造纸工艺传承危机的原因

从我们的田野调查和相关记载来看，造成土法造纸工艺传承危机的原因是多元化的，如时局的影响、需求的变化、打工经济的兴起、产业结构的调整升级等。每一种因素都可能致使土法造纸工艺的传承变得危机重重。毫无疑问，时局动荡，民不聊生，这种境况必然严重影响民众对纸的需求，因此，造纸户不得不封槽停业，甚至被迫破产。这对于土法造纸工艺的传承与保护无疑是毁灭性的打击。改革开放以来，尤其是20世纪90年代中后期以来，打工潮迅速席卷西部乡村，继知识分子东南飞之后，农村大量青壮年也飞向东南沿海，纯朴善良的广大村民怀着对美好生活的追求，远离故土，踏上了打工的征程。在我们调查的马岩村，空巢家庭、留守儿童已成为一个十分严峻的社会问题，主要劳动力明显呈现高龄化和低龄化趋势。面对"造纸不轻松，七十二道工"的舀纸工艺，他们只能兴叹！随着西部大开发战略的全面实施，西部农村迎来了又好又快发展的机遇，农村产业结构不断从单一的简单再生产向多元高效升级进化。由于传统手工造纸工艺本身所固有的单一、低效、耗时、费力等特点，土法造纸工艺在新一轮的发展机遇面前再次受到严峻挑战，土法造纸工艺的传承更加令人担忧。

三、土法造纸工艺保护与传承的路径选择

真实记录与旅游开发并重是传统土法造纸工艺传承与保护的重要途径。

在新一轮西部大开发进程中，如何改变传统土法造纸工艺的传承危机，实现其有效保护与活态传承呢？我们认为对土法造纸工艺进行真实记录，并将造纸工艺融入旅游开发，不失为一个双赢的有效策略。因为，这一策略不仅完全符合"保护为主，抢救第一，合理利用，传承发展"的非物质文化遗产保护方针，而且也有利于正确处理经济社会发展与非物质文化遗产保护这一对矛盾关系。对造纸工艺的记录必须遵循国务院颁布的《保护传统工艺美术条例》的基本原则，保护工艺技术秘密。此外，记录该工艺还必须遵循真实性原则，也就是坚持记录的原真性。我们在研究过程中发现，地方志书无一例外都把民间皆纸记录为"土法造纸"（为了与主题相符，本书采用了"土法造纸"这一称谓），这种称谓与我们所调查的马岩村民众所称谓的"皆纸"存在明显差异。①"土法造纸"这一称谓失去了皆纸称谓的原真性。②土法造纸失去了皆纸的生动性。③土法造纸不符合民间称谓的习惯。民众用最具代表性的皆纸这一道工艺指代皆纸工艺的整个流程，而"土法造纸"这一称谓通常是建立在与现代造纸工艺相比较的基础上的，失去了民间称谓的个性。④按照柏贵喜教授对乡土知识类型的划分，皆纸属于原生性乡土知识，土法造纸属于次生性乡土知识。毫无疑问，现有的地方志文献的记载由于违背了非物质文化遗产记录真实性原则，无法给读者或我们的子孙后代呈现民间皆纸工艺的真实面貌。因此，如实记录原生性乡土知识是超越传统村落的知识精英必须思考并亟待实践的重大课题。正是基于这一思考，我们从客位视角对马岩村的皆纸工艺进行了深入细致的田野调查，并从主位视角对皆纸工艺做了文字和图片记录。

真实记录无疑可以促进传统造纸工艺的保护与传承，但这种保护与传承属于定格式的，或者说是博物馆式的。要真正实现该工艺的活态保护与传承，就目前的发展态势而言，还必须使造纸工艺适应农村产业结构调整升级的需要，改变其单一的传统功能，挖掘其固有的文化价值，充分发挥其地域性和民族性的优势，将其融入旅游产业，促进文化旅游的健康快速发展，提升其在农村经济结构中的地位，让消费者分享文化带来的快乐，让传承者分享文化旅游带来的利益。功能学派大师马林诺斯基指出，文化是"直接地或间接地满足人类的需要"。也就是说，文化的产生和持续发展是"出于某种深刻的需要或文化的迫力"。清朝光绪年间，官府用民间造纸撰写公文、告示、信函；书法家用之作画；民间用之书写契约；印刷铺用之刻印"四书"、"五经"，印刷学生课本等，这种巨大的消费需要促进了手工造纸的发展和创新。20世纪80年代，家庭联产承包责任制极大地激发了群众的劳动热情，有的村寨几乎户户把手工造纸作为一项增收致富的副业，农闲而作，农忙而歇，产品除了满足当地消费，还销往湖南麻阳、新晃、芷江和贵州的岑巩、镇远等地。这说明消费需求是拉动手工造纸发展的内在动力。与过去相比，现在的消费结构和消费需求都发生了极大变化，消费品的供给不仅多元化，而且产品的低耗高效已成为一种不可逆转的趋势，传统的手工造纸过去所拥有的优势不复存在，继续走老路的最终结果只能是退出农村经济的舞台，传统手工造纸工艺随之凋敝，最终消失。然而，新一轮西部大开发、武陵片区区域发展规划、武陵山扶贫攻坚规划以及《关于进一步促进贵州经济社会又好又快发展的若干意见》都明确提出大力发展文化和旅游产业，依托多民族文化资源，建设一批文化产业基地和区域特色文化产业群，把文化旅游发展成支柱产业。这既是马岩村传统手工造纸工艺实现活态传承的机遇又是一大挑战。面对这一机遇，我们必须认识到，传统手工造纸工艺与其他非物质文化遗产一样，是"群体、共同体的一种生活方式和文化模式"，具有突出的民族特色和区域特色，只有将之有效地融入旅游业的发展，使之成为地方文化旅游的一个核心元素，充分发挥其参与性强的优势，让旅游参与体验，享受窨纸的乐趣，才可能使窨纸工艺的传承迎来东风。马岩村位于铜仁市九龙洞国家级风景名胜区，虽然对黄腊溪进行了规划，但是其规划的重点是黄腊溪瀑布，尚未充分认识到传统手工造纸工艺的重要性，造纸遗址群尚未纳入规划内容，这不能不说是一大遗憾。规划重要，但实施规划过程中认真考虑并保障造纸工艺传承人对利益的分享同样重要。我们在前往江口县云舍村调查土法造纸的过程中发现，造纸工艺传承人在乡村文化旅游中几乎没有获得利益，传承人对此无不抱怨，这可能也是云舍村造纸工艺传承难以维系的一个重要因素。由此看来，唯有我们认真研究传统手工造纸工艺对现代产业结构调整升级的适应策略，并充分考略传承人、游客、旅游公司等各方利益，才可能实现传统手工造纸工艺的有效保护与活态传承。单一考虑适应策略而忽略多方利益共享机制，或者简单处理相关方利益而不顾造纸工艺对产业结构调整升级的适应策略，都将是一厢情愿，事倍功半，甚至劳而无获。

四、思考与讨论

毫无质疑，马岩村的土法造纸具有经济意义和社会意义双重属性，故它的发展方向也将面临抉择。从社会学角度看，马岩村的土法造纸作为一个历史悠久的传统手工业，在其长远的发展历程中积淀了一定文化内涵，具有保护和传承价值，理应把土法造纸作为一种乡土文化进行申遗保护，使其能够得到传承与发展。同时，结合马岩村现在规划发展乡村旅游的发展思路，将其作为一种文化产品进行开发。而从经济学的角度分析，迷信纸作为一种商品进行市场交换，在农户家庭收入中占有一定地位，故土法造纸生产方式应加以改造革新，提供迷信纸生产规模和产量，在依托现有生产基础上进行规模生产，使其发展成马岩村的一个产业。但无论从哪个角度思考，似乎都有其合理性。在市场经济已确立，国家大力呼吁弘扬传统文化的今天，马岩村的土法造纸何去何从？是保护，还是保护传承？一个具有辩论锋芒的新话题有待我们进行深入思考、探究和论证。

参考文献：

[1] 梁正海. 传统知识的传承与权力 [M]. 北京：中国书籍出版社, 2013.

[2] 田志军. 铜仁市志 [M]. 贵阳：贵州人民出版社, 2003.

[3] 于海广, 王巨山. 中国文化遗产保护概论 [M]. 济南：山东大学出版社, 2008.

[4] 柏贵喜. 乡土知识及其利用与保护 [J]. 中南民族大学学报：人文社会科学版, 2006（1）.

[5]［英］马林诺斯基. 文化论 [M]. 费孝通, 译. 北京：华夏出版社, 2001.

[6] 巴桑吉巴. 非物质文化遗产保护现状及其对策 [J]. 商业文化, 2009（31）.

[7] 孙克勤. 非物质文化遗产保护现状与进展 [J]. 徐州工程学院学报, 2012（4）.

[8] 费安玲. 非物质文化遗产法律保护的基本思考 [J]. 江西社会科学, 2006（5）.

[9] 严新, 卡吾赛尔·沙力. 对加强我国非物质文化遗产保护工作的几点思考 [J]. 中共伊犁州委党校学报, 2008（4）.

[10] 程颖. 非物质文化遗产桃花坞年画保护与传承的新模式 [J]. 苏州工艺美术职业技术学院学报, 2010（4）.

第三章 马岩村现代工业发展

现代工业是经济发展的重要组成部分，是人类基本农业生产的进一步延续，它通过对生产链的延长，将人们的初步生产进行进一步的加工，为人类提供了丰富多样的附加产品。现代化的工业发展，更使人类发展有了一个全新的进步，将人类发展带入一个（人工到机械）流水线作业的时代。自马岩村工业发展以来，马岩村的各方面发展有了一定的变化，工业慢慢地影响着马岩村的发展。相信在以后的经济发展中，马岩成的现代工业会对马岩村各方面产生重要的作用，因此，它的发展是值得人们时刻关注的问题。我们选取了马岩村规模较大、发展较早的阳光锰业作为研究对象，以其为切入点探讨马岩村现代工业的发展现状与方向。

说起马岩村现代工业的起步，让人想到的就是西部地区的工业发展情况，马岩村作为中国和西部地区落后省份的一个小山村，工业发展落后于东部地区，当地的工业起步于2003年。阳光锰业也是铜仁市2003年的招商引资落户马岩村的第一家企业，公司位于铜仁市灯塔工业园区，与铜仁火车货运站相邻。这是一家以生产电解金属为主的民营企业。由于贵州在现代工业发展的技术、管理、经验等各方面都相当落后，所以引进外省相对进步又适合自己发展的工业是十分必要的，也是铜仁地区经济增长的一大步。

图 3-1 马岩辖区内的灯塔循环产业园一角

一、铜仁马岩村阳光锰业的现状及影响探析

(一) 铜仁市马岩村阳光锰业的发展现状

铜仁市马岩村阳光锰业有限公司（简称阳光锰业）位于铜仁市灯塔工业园区，于 2003 年引入，2004 年 6 月正式投产。总面积为 80 000 平方米；各种加工设备、工艺及其他成本费用的前期总投入为 3000 万元，2011 年进行扩建，投资额达 7000 万元左右，扩建后年产量每年可达 3 万吨；从 2003 年开建至 2012 年全部投资总额上亿元，实现年产值由 2004 年的 4259 万元不断攀升至 2011 年的 1.2 亿元，年创利润额由 2004 年的 100 万元上升至 2011 年的 370 万元，年创税收额由最初的 116 万元上升至目前的 400 多万元，每年创外汇 150 万元。公司现拥有每年上万吨的电解锰生产规模，产品实行订单式生产和销售，即先根据市场准入的标准和国家对电解锰年产量的行业要求与厂商签订订单后按量生产、销售。成品用途广泛，运用于铝工业和不锈钢生产等许多加工业及医学、科研等方面，产品销路遍布全球，除销往国内钢及特殊钢生产企业外,还畅销美国、西欧、日本、韩国等国外市场,市场前景极为乐观。

(二)阳光锰业产生的效益及原因分析

铜仁市马岩村阳光锰业稳健的发展,为当地带来了良好的经济效益和产生了极大的社会影响。①增加了铜仁市直接相关管理部门的税收收入。阳光锰业每年为铜仁市创造税收400万元,这大大增加了政府的财政收入,帮助政府缓解了资金紧缺等部分问题。②为马岩村等农村剩余劳动力的就业提供了一定的保障,减轻了他们因社会失业率提高而带来的压力。阳光锰业安置了当地82名农民工就业,解决了52名下岗职工再就业问题,同时提供了剩余200名职工的就业岗位。③改善了马岩村的饮水、道路交通等设施,大力帮扶了马岩周边的民众。帮扶马岩村村民改善了道路设施;捐款4000元为马岩村下木林组实施人畜饮水工程,解决了280多人的吃水问题;为马岩小学购办教学用具提供2万元的资金支助;党员积极带头捐款5000元,为马岩村700名困难村民办理新型农村合作医疗保险。④充分发挥阳光锰业每个人的积极作用,推动马岩村经济的大力发展。企业积极鼓励党员带头发展地方农业,先发展家庭小农经济,后逐步引导建立农产品生产基地,且企业领导会经常性地深入蔬菜基地、香菇基地、半坡田养殖基地,了解蔬菜产业、香菇产业、养殖产业发展情况。

公司之所以取得如此好的发展效果,不仅取决于其优越的地理地势,也与其良好的经营管理模式是分不开的。主要原因如下:①水路交通等条件的优越性和锰矿资源原材料的丰富性。铜仁地处湘黔渝三省、直辖市的交界处,沅江支流锦江上,十里锦江穿越全境,水路交通便利。阳光锰业距离铜仁市区仅有几千米,且位于铜仁至麻阳出省公路、渝怀铁路等要道上,相邻于铜仁火车货运站,又与锰矿采集地松桃相距不远,其地理地势十分优越，资源丰富。②完善的组织机构。公司架构完整，在生产和运营方面，发挥了积极而有力的协调配合作用。③恰到好处的奖励机制，能充分而有效地利用和发挥员工自身的优势。实行党员带动机制和全勤奖励机制，对党员实行每月加发20元工资的奖励机制，并对党员开展"一岗一星"活动，即月底评选出本月在不同岗位上表现优秀的党员员工后，公司对其每月发放50~100元的激励奖金；对其他员工则实行年终全勤奖励机制，不同全勤层次的员工发放不同的奖金以资奖励。

二、马岩村阳光锰业发展中出现的问题及应对策略探讨

（一）阳光锰业可持续发展中存在的问题

1. 生产成品产生的"三废"污染问题

电解金属锰生产过程是一个精加工过程，碳酸锰矿的加工制造极为复杂。其成品质量不仅取决于原材料含锰量的高低，还取决于加工过程中温度、PH值等的很好控制及各种设备的完善处理，而且在加工制造中很多过程都会产生不同程度的废弃物，会对环境造成很大污染，都需要严密管理与控制。

（1）废水污染。主要来自于生产中的酸浸、净化过程产生的工业废水，废水处理系统和清污分流系统不完善带来的污染，以及日常操作和善后处理工作不完善造成的污染，生产每吨成品则随之产生350立方米工业废水。

（2）废气污染。使用的液氨挥发出的氨气和电解过程挥发出的氨气；浸出过程产生的严重污染空气的硫酸雾；投料时造成的粉尘飞撒等都会形成废气污染。

（3）废渣污染。废渣主要产生于除杂过程及压滤过程，生产1吨电解金属锰成品就要造成五六吨的工业废渣，且第一次压滤步骤中产生的废渣就占了总量的90%以上。可见，很好地控制和管理初次压滤的过程是极为必要的。从阳光锰业目前发

展规模来看，公司生产量是每年1万吨，相应生成的废渣量约为五六万吨。阳光锰业从建成至今生成的滤渣全部堆放在公司修挖的十几米深的大坑里，至今仍还未将其资源综合化利用，不仅浪费了资源、污染了环境，而且生成的废渣中大量的重金属粒子对土壤的渗透率极强，其污染力度也就不言而喻。

2. 价格涨跌及市场波动引发的企业效益下滑问题

电解金属锰几十年的发展历程可谓曲曲折折，价格极为不稳定，总是经过一小段时间的小幅下滑后又回升，一段时间后又会下滑，如此不断地循环。价格的不断波动，进而引发企业效益下滑、市场供求不平衡等诸多问题。其原因可归结为以下几个方面：

（1）不均衡的资源分布情况。从全国来看，锰矿资源主要分布在西部极少数贫穷落后省市，其分布上显示出极度的不均衡性，主要以湖南为首，偏向重庆、贵州、广西等地。而贵州锰矿资源则主要分布在铜仁松桃、遵义，同样存在不均衡，且出现明显的地方性缺失。可见，在资源分布和成品分配上呈现出显著性失调的关系，因此，不断波动的市场价格和不平衡的市场供求问题也就随之形成了。

（2）碳酸锰矿的品位低，贫矿多、富矿少，资源利用率低下，生产中资源消耗量大。铜仁地区松桃县锰矿资源主要以含锰量12.6%的碳酸锰矿为主。相对含锰量高的碳酸锰矿来说，生产同等纯度的成品需要消耗的锰矿资源多，资源的浪费程度大，同时也就加剧了资源的枯竭力度，从而引起价格和市场的波动。

（3）采集和利用过程的不妥善，导致资源快速化枯竭。从目前马岩村发展现状来看，马岩村主要以锰矿资源加工为主导产业，对现有锰矿资源盲目性的过度化滥采乱挖，而不是走可持续发展道路。湖南、重庆等锰矿资源产地也是如此，为了大力发展经济，实现工业化和城镇化，均把电解锰的生产作为主导产业去发展，而忽略了资源的可持续发展和利用。

（4）部分企业锰矿资源采购活跃，致使生产成本居高不下，从而造成电解锰企业开工量不足。近年来，随着部分电解锰企业产量标准的提高，锰矿原矿交易日渐频繁，而锰矿资源储备量日益缩减，难以满足电解锰成品生产需要。为了有效地控制那些规模小、效益低、能耗高、污染重的小企业，抬高原料生产成本也就成为一大举措。而生产成本的有增无减，导致了部分企业经营惨淡，无利可图，开工率下降，电解锰成品的供给量不足，市场价格也就不断波动。

（5）国家政策的影响。自我国制定对电解金属锰收取出口关税开始，电解锰的发展就出现了一种隐性危机：一边是高达20%的出口关税的电解金属锰，一边是零关税的锰桃。而锰桃在功能上又可以替代电解锰，逐渐地，锰桃就取代了电解金属锰在国外市场上的地位。且最近几年电解锰出口关税仍在不断上调，从2007年最初的15%上调至现时的20%，近年还可能继续上调，电解锰的发展形势可以说有些严峻。

（二）应对策略

（1）公司应加强科研能力，加大科研资金的投入。加强新工艺、新技术的研发，实行企业清洁、环保生产，加强电解工序的控制与管理；公司应对原材料和各种添加剂进行清洁性研究，从最基本的源头开始，优先考虑选择那些高质、无毒的原材料，以至于不会对周边环境造成危害性污染，不会对当地村民造成健康威胁。可以尝试研究用一氧化锰代替液氨中和剩下的酸，减少氨气排放量；也可以研究用亚硫酸铵代替剧毒物二氧化晒，减少剧毒物排放量。

（2）加大引进世界先进生产设备，提高先进生产设备使用率、降低环境污染，提高企业生产效益。加大引入和使用高利用率、低污染度、低资源消耗度且易于加工制造中控制的世界先进生产设备，从而实现企业生产低能耗、低污染的目的，提高企业生产效益。

（3）科学、严谨的控制生产，努力使企业投入费用最低。企业应对自身经营策略和方针政策进行科学合理规划布局，做到有序发展，同时应重视加强环保整治；在电解金属锰生产中，人的主导性作用是不容忽视的，高效规划和合理安排员工上岗，合理布局每一生产车间，都是较为重要的环节；谨慎处理生产操作每一环节，严格按要求进行每一个步骤，避免因操作不谨慎而产生不必要的污染，清洗生产工具、地面时适度控制水的使用量，节约不必要使用的资源及降低污染；改善废水处理工艺、减轻废气排放量，改进工艺设备，节约原材料使用量，减少废渣排放量，大力倡导节能减排生产，使污染系数达到最小化，实现环保生产。

（4）注重提高尾渣资源的综合利用率。企业应加大科学技术及经费投入力度、人力管理投入力度等，加强对废渣资源的再利用，充分发挥资源综合化利用潜力；与此同时，严格安排处理产后废渣临时性堆放工作，避免因管理不善造成多重污染。

三、马岩村工业企业发展方向及措施保障探讨

农村经济的落后，致使以往国家为了大力发展地方经济而忽略了对农村环境保护的重视，为了扶持农村工业企业发展，在排污及各种相关方面的要求也就不是那么严格。然而，根据近几年国家对生态环境保护的重视力度，有关国家进一步扶持、大力推进乡镇工业企业改革、发展和提高的相关政策表明，乡镇工业企业中的高耗能、高污染、后续发展力不足的企业已不能站稳脚步，要想高效而持久地高速发展农村经济，乡村企业经营机制的转变是关键。同时，还应以新型工业化为主旋律，加快步伐，走生态型、环保型的可持续发展之路，这才是企业能够长久而又持续发展的基础和必然保证。

要使企业向生态型、环保型和可持续发展型转变，不仅取决于企业自身的努力和改善，还取决于政府部门和社会给予的支持和保障。

（一）企业自身的努力

1. 提高劳动生产率、资源的综合化利用率、环境保护水平，促进电解锰工业的生态、环保和可持续发展

"三废"的控制和治理始终是阳光锰业发展中存在的一个大问题。从开始运营至今，短短几年的时间，阳光锰业已形成高达几十万吨的锰渣，而且受研究能力和设备的限制，生产过程中产生的锰渣的二次利用率仍为零，浪费了资源的同时又破坏了生态。因此，为了实现企业的社会效益，企业应加大资本投入和科研投入，重视当地生态环境保护，减少排污量，减轻"三废"污染力度，开展废渣的资源综合化利用研究，才能得到当地村民和社会的认可，才能实现企业的社会效益。而且笔者个人认为，企业既有它的经济效益又有其社会效益，两者之间是一个相互依赖、相互作用的过程，企业要想高效而持久的发展，就必须借助社会和群众的力量，做到"损害人民利益的事不做，危害人民健康的事不做，影响人民生活、生产的事不做"，这样才能赢得社会民众的认可，才能实现企业长期发展的效益。所以，实行废渣的综合化利用，不仅充分利用了资源，而且净化了环境和地表系统，不至于对环境造成污染，还可以实现其经济效益和社会效益。

2. 转变企业的身份，巧妙利用潜在优势

企业应从管理人的角色转变为合伙人的角色，积极发挥社会效益，充分利用当地的人员资源优势，积极鼓励和发动当地民众以投资或投劳等方式参股，把企业转变为人民的企业、大家的企业，所

有人共同参与管理和经营，将每个人的优势充分发挥出来。

(二) 政府职能的保障

从政府政策和资金保障方面出发，政府应严格制定强有力的政策措施作为保障，注入足量发展资金，制定强有力的政策，以提高企业发展能力和市场竞争力；依托市场、资源和环境三者之间的关系制定特定电解金属锰发展的政策，确保最低生产底线和限制最大生产规模；鼓励并严格规定使用先进优质的工艺设备，并严格规定其使用期限；提高资源补偿费和排污费，限制资源的过度开采和浪费利用，严格制止企业不加约束的排放；明确规定能源和资源的最高消耗指标，严格制定污染物排放的行业标准，制造一个优越的企业发展环境；兼顾电解锰的发展和环境保护、现代科学技术之间的关系和特点，制定有利于电解锰工业发展的技术经济政策。

(三) 政企共同努力

从企业和政府两方面的共同努力出发，共同营造良好的发展空间，企业发展要依赖于政府保障，政府保障促进企业更好地发展。政府和企业应共同作用和努力，以工业发展为主，工业反哺农业，工业生产带动第三产业发展，逐步发展成工业产业链模式。政府应以阳光锰业等马岩村工业企业为主导产业，大力招商引资，引进大批发展前景好的特色产业，集"餐饮、服装、酒店、建筑"为一体，加大发展第一产业，积极发展具有地方文化特色的旅游业。同时，阳光锰业等企业要改革原有模式，走"集约式"方向，充分发挥企业领头人的作用，从而形成一条具有比较优势和独具发展特色的企业链，为社会就业压力的缓解添砖加瓦，从而更好地实现其经济效益和社会效益。

四、结束语

农村工业化发展是环境和效益的长期和谐共赢过程，只有做到长期的和谐共处,实现工业化发展与经济、环境三者之间的平衡,企业才能最终走得越来越远。工业化尤其是农村工业化的实现,要以兼顾农村环境保护的发展为目标,把经济高效发展和环境友好保护提升到一个高度重视的层面。只有实现以上目标,才能改变农村居民在环境保护方面的弱势地位,才能很好地保护当地人民的环保权,赢得社会的认可,从而才能高效而持久地高速发展农村经济。因此,企业必须转变以往的发展模式,建立一套适合企业自身的工业化发展模式,走生态、环保、节约、低碳、可持续的新型工业化道路,这样才能最终达成企业高速高效发展和生态环境保护共赢的目的。

参考文献:

[1] 李文. 走新型工业化道路,全面建设小康社会 [J]. 当代中国史研究,2003(1).

[2] 张赞. 孙铁军. 新型工业化可持续发展模式之我见 [J]. 经济前沿,2003(12).

[3] 李杰赓. 中国工业化发展与农村环境问题 [J]. 商场现代化,2009(3).

[4] 张平. 20元党员小"津贴"产生大效应——铜仁阳光锰业有限公司发展侧记 [N]. 铜仁市委党建办讯,2011-09-08.

[5] 黄烨. 李齐. 企地共谱和谐乐章——记铜仁市阳光锰业有限公司 [N]. 铜仁日报,2010-06-23.

[6] 杨建国. 关于松桃锰矿资源开发的现状和建议 [J]. 中国锰业,1986(1).

[7] 刘唐猛,钟宏,等. 电解金属锰渣的资源化利用研究进展 [J]. 中国锰业,2012(1).

第四章　马岩村的畜牧养殖业

在社会主义新农村建设的大形势下，农村发展成党和国家近期扶持的重要发展领域，而作为农村生产生活重要组成部分的畜牧养殖业，也逐渐由农村家庭副业发展成农村家庭经济发展的支柱产业之一。马岩村的畜牧养殖业除了常规的家庭小规模养殖外，也有投资数十万元的规模化养殖。为了让大家认识真正的马岩村，我们以马岩村的家庭式养殖为分析对象，在肯定家庭式蓄养带来积极影响的同时，也客观评价了马岩村家庭式养殖存在的不足和发展过程中面临的困境。本书以研究符合马岩村养殖业可持续发展的方案为着力点，力争能为农村养殖业的可持续发展提供参考。

一、研究背景

畜牧养殖业一直以来就在农业、农村经济中扮演着重要角色，对农业生产和农民生活有着极其深远的意义。

在连续几年的农业工作会议中，国家将农民收入和农村稳定作为农村和农业工作的重点，强调调整农村经济结构，畜牧业是重中之重，提出把畜牧业作为一个大产业来抓。现在，全国各地都把发展畜牧业提到新的战略高度，纷纷把发展畜牧业作为农村和农业经济的新增长点，这为21世纪我国畜牧业的发展注入了新的活力。

地区之间因各自地理环境和资源禀赋的差异,其经济结构也存在极大的不同。按照因地制宜、发挥地方特色、突出比较优势的发展原则,各地在制订经济发展计划时侧重点会有所不同。因此,本书立足铜仁市碧江区马岩村,面向贵州广大农村,分析马岩村的畜牧养殖业取得的成就和面临的困境,研究制订符合马岩及广大农村养殖业可持续发展的方案,为农村畜牧养殖业的可持续发展提供参考性建议。

二、马岩村的畜牧养殖业发展状况分析

(一) 马岩村概况

马岩村是铜仁市碧江区灯塔办事处下辖的一个普通行政村,距铜仁市城区 10 千米,全村辖 12 个村民组 3091 人。凭借优越的地理环境和丰富的自然资源,在党和地方政府职能部门的关怀下,马岩村正逐步向着社会主义新农村的发展方向前行。辖区内有 3 个特色蔬菜种植示范点——岩董、坳田董、落鹅,其中岩董、落鹅是铜仁市暨马岩乡村旅游示范点;1 个省级规模化标准化养殖小区——半坡田养殖小区;1 个发展势头很好的香菇特色基地——吴家湾香菇专业合作社。马岩村环境优美、空气清新、气候宜人、资源丰富,是铜仁市碧江区生态环境和经济条件最好的行政村之一。

(二) 马岩村的畜牧养殖业概况

改革开放尤其是在国家大力实施西部大开发战略和制定建设社会主义新农村政策以来,在政策的引导下,马岩村的畜牧养殖业发展迅速,逐渐由农村家庭副业发展成农业、农村经济的支柱产业和农民致富的重要产业之一,不仅满足了人民对畜产品的需求,更为农村致富、农民增收和缩小城乡差距做出了重要贡献。

我国现在的养殖形势主要体现为现代规模化养殖和农户个

体小规模养殖并存,这样既能利用配合饲料,促进粮食转化,又能充分利用各种秸秆、糟渣等农副产品,降低饲养成本。

笔者分析马岩村的畜牧养殖状况主要从马岩村岩董、坳田董、半坡田、吴家湾四个村民组在传统散养和现代规模化养殖两个方面入手,对比分析两种养殖方式各自的发展现状及存在的优势、特点和不足。

1. 传统散养方面

根据《中国农业年鉴2007》公布的资料:2006年我国猪肉总产量为5197.17万吨,出栏生猪6.8亿头。其中70%来源于分散的农户,30%来自于规模养殖。由此可见,在一定时期内,传统的农户散养仍占有举足轻重的地位。

马岩村在散养方面也有其独特的地方,由于几个村民组的地理地形和资源分布的不同,其养殖特点也存在明显的区别。以岩董、坳田董、半坡田、吴家湾4个村民组的养殖情况为对比基点,其养殖基本情况见表4-1。

表4-1 马岩村几个村民组主要散养种类及分布表

项目	情况	生猪	种猪(母猪)	山羊	牛	马
岩董村民组	养殖情况	有	无	无	无	无
	存栏情况	每户都养,户均1~3头	无	无	无	无
	养殖周期	有	无	无	无	无
	周期情况	四季皆养,上半年1~2头,下半年1~3头	无	无	无	无
坳田董村民组	养殖情况	有	无	无	无	有
	存栏情况	每户都养,户均1~3头	无	无	无	仅有2匹
	养殖周期	有	无	无	无	无
	周期情况	四季皆养,上半年1~2头,下半年1~3头	无	无	无	无

表4-1(续)

项目		情况	生猪	种猪（母猪）	山羊	牛	马
半坡田村民组		养殖情况	有	有	有	无	无
		存栏情况	每家都养，少者1~3头，多者4~15头	1户大型养殖场，规模62头，其中公猪2头；另外有20%~30%的农户（散户）养殖，平均1~3头	只有1家养殖，规模60多只，品种为波尔多	无	无
		养殖周期	无	无	无	无	无
		周期情况	一年四季都养	无	无	无	无
吴家湾村民组		养殖情况	有	有	有	有	无
		存栏情况	比较少，而且有季节性，一般都在农历的6、7月间买进1~3头	只有1家养殖，规模20多头	只有1家养殖，规模20多只，品种为波尔多	有10来户人家养殖，数量一般为1~3头	无
		养殖周期	有	无	无	无	无
		周期情况	上半年不养或少养，下半年户均可达2头	无	无	无	无

通过分析表4-1，我们可以得出如下结论：

（1）养殖种类单调

几个村民组的养殖种类有明显的区别。其中，岩董村民组的养殖种类最为单调，基本上就只有生猪，目前没有养殖其他的牲畜。因为养殖户在从事生猪的养殖过程中会产生一些另类"资源"——粪便（农家肥）。大量牲畜粪便的利用，对改善土壤结构、保持种植业的可持续发展起到很好的促进作用。同时农家肥的使用可以降低大棚蔬菜的种植成本，使资源能够被有效利用，变废为宝，这样可以将农村养殖业与种植业有机结合起来，形成可持续发展的循环经济。所以，农家肥对蔬菜种植户来说就是有形资产，这就是他们为什么养殖的主要原因。

据调查了解，在2008年（岩董正式规划并实施大棚蔬菜基地建设）以前，这里的村民也养牛，但是他们养殖目的都不是用于食用，而是用于耕作。因为民间有一种说法：由于崇拜佛教，因此马岩人不吃牛肉。不过，我们更倾向于这样的说法，即由于牛历来被我国农民用来耕地,自然被看成人类的朋友,因此舍不得杀牛吃肉。自从岩董村民组被集中规划种植大棚蔬菜及建设以后,由于受地理地形和大棚基础设施的限制,机械耕作逐渐取代了传统耕作(牛耕)方式,这里养牛的人家也慢慢地减少,到今天在这里已经看不到养牛的农户。

坳田董村民组和岩董村民组由于在地理地形和开发大棚蔬菜上有相似之处,所以在养殖种类上也体现出与岩董的相似之处。这里的村民也主要是养殖生猪,但是也有不同之处。这里的村民至今还养马,虽说数量不多,但是这也体现出了坳田董村民组和岩董村民组之间在养殖上的区别。这种区别完全取决于两者之间的地理差异,那就是坳田董无论是距离公路还是码头都较岩董要远,交通非常不方便,所以他们只能用马来驮运比较繁重的物品。

半坡田村民组的养殖种类和岩董村民组、坳田董村民组比起来就显得要丰富一点,这里除了其他村民组都有养殖的生猪以外,还有养殖山羊、种猪,而且养殖种猪的养殖户比较多,占该村民组总户数的20%~30%,养殖数量一般都在1~3头。另外,值得一提的是,这里还有一家大型种猪养殖专业合作社,该合作社种猪现存栏62头(母猪60头、公猪2头),建设规模是100头。

吴家湾村民组是这几个村民组中养殖种类最为丰富的,这里的村民有养生猪、种猪、山羊、牛等,种类相对较为丰富。而且值得一提的是,这里是全马岩村至今为止唯一养牛的地方,养牛户占该组总户数的百分之一二十,数品种多为黄牛。

(2)养殖数量较少

马岩村上述几个村民组的单户养殖数量都比较少,还属于传统养殖方式,相比以前没有太大的区别和明显的改进,一般一家人养1~3头,最多的人家也就10头左右。

图 4-1 马岩村半坡田种猪养殖

（3）养殖周期明显

存在明显养殖周期（指从时间序列上体现出的数量周期，而非动物生长周期）的养殖种类是生猪，诸如山羊、牛、种猪的养殖周期不明显。有明显养殖周期的是岩董村民组和吴家湾村民组。岩董村民组虽说一年四节都养殖生猪，但是前半年他们的养殖数量明显要少于后半年的养殖数量，前半年一般养殖1~2头，后半年有所增加，一般为2~3头。而吴家湾村民组在养殖上存在明显的季节性周期，前半年多数人家选择不养或少养，到了后半年养殖的人家会明显增多。

2. 现代规模养殖方面

农业生产必须有一定的规模，否则，就难以产生较高的经济效益。因此，农业往往用扩大规模的方法来降低生产成本，以求达到最低成本的最佳规模，即所谓的"规模经济"。

从上述4个村民组规模养殖情况来看，马岩村真正走上规模化经营的养殖场太少，初具规模的养殖场只有4家。表4-2

是关于马岩村上述 4 个村民组的规模养殖情况表。

表 4-2　马岩村岩董、坳田董、半坡田、吴家湾
4 个村民组实行规模养殖情况分布表

项目	主要养殖种类	数量及特点
岩董村民组	无	无
坳田董村民组	无	无
半坡田村民组	种猪、羊	大型种猪养殖场 1 处，规模 62 头；养羊大户 1，规模 60 只
吴家湾村民组	种猪、羊	种猪养殖大户 1 家，规模 20 多头；养羊户 1 家，规模 20 多只

通过分析表 4-2，我们可以得出以下结论：

（1）马岩村规模化养殖整体分布

由于岩董和坳田董两个村民组的村民主要以种植大棚蔬菜为主要生活和经济来源，在养殖方面，还停留在传统养殖层面，完全属于是自给自足型的个体小规模养殖；在致力于种植、经营大棚蔬菜的情况下，他们对实行规模化养殖没多大兴趣，也没有精力去经营。而且随着城镇化进程的加快和农民生活多样化发展，种地的农民也越来越少，马岩村农业能够有现在这样的发展现状已经是非常不容易的了，能够有这样的养殖状况都是迫于农业生产和生活的需要，否则要保持现在的水平可能很困难。由于受地形和自然资源的限制，目前马岩村主要的规模化养殖分布在半坡田和吴家湾两个村民组，养殖种类主要为种猪和山羊，其他牲畜没有实行大规模的养殖。

（2）马岩村规模化养殖的标杆企业

最典型的规模化养殖要属半坡田村民组的种猪养殖场——半坡田云浮养殖场。据调查了解，该养殖场成立于 2004 年，并于同年成立了半坡田牲畜养殖专业合作社。该养殖场由半破田

村民组4名村民和其他4名合伙人筹集资金60余万元合伙组建,有规范的厂房、专业化的养殖设备、专门的养殖人员和管理人员。这笔投入对于一个大型规模化养殖企业来说虽然不多,但毕竟这是马岩村唯一一家拿得出手的上规模的规范化、标准化的养殖场。建设规模是存栏100头种猪,设计产量是年产3000头猪仔;实际存栏母猪60头、公猪2头,年产猪仔1500头,主要销售地是铜仁本地及怀化等地区。该养殖场是省级规模化、标准化的种猪养殖基地。同时,这里还是铜仁市动物疫情监测点、铜仁市百名青年致富工程示范点。

(3)规模小,管理经营不够专业的"准规模化"养殖场

除了上述半坡田牲畜养殖专业合作社外,其余几个小规模养殖场在管理和经营上都存在不足,达不到真正意义上的规模化养殖。

从数量上看,养殖户养殖数量都不多,比如吴家湾的两家养殖场(山羊、种猪)的数量都在20头左右,而且在厂房及场地的建设上都不规范,硬件设施不完备、管理存在缺陷、技术不专业,这些都从一定意义上阻碍了养殖场的健康、可持续发展,对规模的进一步扩大带来了制约性影响。另外,虽然半坡田山羊养殖户在数量上比上述两家要多,达到了60头,但是和上述两家养殖户在厂房建设和管理上存在同样的不足。

从经营管理层面来看,这几家养殖场仍然属于小农经营模式,没有完全脱离传统养殖的束缚,技术落后、管理不到位是制约其健康、长久发展的一大阻力。同时,农村养殖业存在的市场不稳定、缺乏专业技术人员、信息不对称和落后等原因也是阻碍农村养殖业走规模化发展的绊脚石,也是不少养殖户对扩大养殖规模不感兴趣和害怕扩大规模带来的其他不利因素的直接原因。

从和这几家养殖户的交流中了解到,在现有的基础上,他

们也想继续扩大规模,但是又怕规模扩大之后会带来其他诸如管理和经营成本上的缺陷等问题,所以他们非常希望能像半坡田牲畜养殖专业合作社那样,能得到政府相关部门在资金上的支持和技术上的指导。只有这样,农村畜牧养殖业才能走上健康、持久的发展道路。

3. 马岩村两种养殖方式的优势对比

我国于1993年取消了牛羊肉和禽蛋的统购任务,实行自由交易。现在畜产品价格随行就市,畜产品流通多渠道并行,呈现出多种经营形式、多种经济成分和多种经营主体并存竞争的良好态势。

从目前马岩村现有养殖结构分析得出,该村畜牧业生产的主体主要是以家庭经营为基础的农户,生产规模比较小。马岩村现代规模化养殖和传统小农经济式养殖并存发展,优劣互补,各取所长,并各具优势和特点,同时也都不同程度上存在不足。

(1) 传统散养的优势

第一,规模小,环境适应性强。散养户由于规模小、投入少、产品经营单一,因而它能适应市场环境的不断变化,及时调整饲养数量,减少风险,即"船小好调头"。但同时,散养由于比较分散,成本高,抵御风险的能力低,有较多弊端。一是缺乏及时、准确的市场信息;二是承受和化解市场风险的能力弱;三是养殖户的利益缺乏有效保护;四是家庭小规模分散饲养浪费人力、物力。

第二,善于在社会夹缝中谋求生存发展。马岩村的养殖业很多都是自给自足的小农经营模式。所以,只要大型的养殖企业没有垄断某个地区,就能使这些散户得以正常发展。

第三,因地制宜。散养利于就地取材、就地加工、就地销售,销售费用较低。散养户由于规模小、成品少,加之距离市区(市场)近的优势,可以充分利用现有优势,做到就地取材,就地销售。

第四,外部性。农户在自主经营的同时,可以依托加入专业合作社,享受合作社在进货和销售方面带来的优势——搭便车。从而减小农户的养殖风险,增加农业收入。

(2) 规模化经营的优势

第一,市场需求。随着国民经济的不断增长,居民收入也随之而增加,伴随而来的是人民对生活质量的要求不断提高,对畜产品的需求也一度出现高涨的态势。畜产品的市场需求量一路攀升,目前马岩村规模化养殖尚处于欠发达的阶段,而对于整个铜仁市甚至周边城市市场来说,市场空间比较大,规模化经营后的产品销售不成问题。

第二,利润追求。利润最大化是企业的最终目标,实行规模化养殖,可以降低养殖户养殖单位成本,使养殖的长期平均成本保持在一个较低的水平。只有这样,才能达到利润的最大化,形成规模经济,增加农户收益,给养殖户带来更大的利润空间。

第三,政策导向。规模化经营是政府鼓励的经营方式,在规模化、产业化和特色化同步建设中农业现代化作为实现社会主义新农村建设的目标之一,而养殖规模化正是农业现代化的表现形式之一,符合政策导向。

马岩村要想在养殖方面走上规模化、产业化和特色化的可持续发展道路,还有很长的路要走。在发展规模化养殖的同时,一定要控制住规模大小,把规模控制在适度范围内,即发展适度规模,形成最优规模经济。

三、马岩村养殖业存在的问题

(一) 养殖户无长远发展眼光和合作意识、安于现状

尽管全村传统养殖种类丰富,品种齐全,但各村民组养殖

结构比较单一，各农户养殖更是力不从心。由于各村民组的自然资源分布不一和村民们生产生活方式的差异，村民们往往根据自己的生活和生产需要，各执其业，难以形成规模产业。

各户各类畜禽存栏数量少，规模小，有衰竭之势。小富即安，村民们不愿冒扩大规模的风险，导致养殖业仍然停留在传统散养层面。

（二）农户缺乏养殖专业技术，经营管理成困难

养殖户缺乏养殖技术和管理经验。政府相关部门缺少针对养殖户开展技术培训、养殖户因没能参加养殖相关专业培训和接受先进的科学文化知识，导致养殖户缺乏专业养殖技术和科学管理经验，没有很好地利用农村的现有资源，造成养殖成本高，利润空间狭小，损失较大。这从某种意义上打击和削减了养殖户的积极性，导致目前农村畜牧养殖业发展滞后。

（三）政府引导不力，农户信心不足

政府对小规模养殖专业户的政策引导和支持力度不足，导致"准规模化"养殖户信心不足，资金和技术成为其扩大规模的绊脚石。从一定意义上说，正是由于政府对农村畜牧业的政策引导和支持力度不足，导致了农民没有底气和资本扩大养殖规模，这就阻碍了农村畜牧业的规模化、产业化发展。政府引导不力，农村信息闭塞和市场不稳定等诸多因素对养殖户扩大规模，走规模化和产业化发展的道路有一定的消极影响。

（四）缺乏养殖专业合作组织和技术人才，规模化发展无人领头

马岩村规模养殖种类单一，规模较小，生产结构不尽合理，畜产品加工业一片空白，没有形成完整的产业链，产业化水平发展还有待进一步提高。目前，在马岩村实行规模化养殖的主要是种猪和山羊，而且唯有这两种养殖都尚处于起步阶段，尚未形成规模和产业链，而其他的家畜基本上都处于家庭式散养

状态，形不成规模效应，规模化、产业化发展无人领头，缺乏有经验、有胆识的领头人和专业养殖技术人员。思想意识淡薄，经营管理及技术不到位、不成熟是阻碍养殖业规模化、产业化发展的最大难题。

四、关于促进马岩村养殖业可持续发展的对策建议

（一）加强政府引导，立足地方特色，合理选择项目

政府相关部门，村两委会要带好头、科学选择发展项目、找准方向，并根据具体情况，制订符合地方发展特色特点的养殖计划和项目；村民也要根据自己的情况，在服从政府统一规划的前提下，客观对待自己的优势，发展适度规模，合理选择养殖项目。

同时，市场需求对产业发展的制约日渐突出，所以畜牧养殖业的发展方向必须要由单一注重数量型向数量和质量并重型的方向发展。

（二）以合作社为主导，带领农户走"合作社+农户"的新型发展道路

养殖专业合作社要起到积极的带头作用，为农户讲解合作社的经营优势，正确引导村民进行品种选择和科学管理；没有实行合作养殖的品种，要尽快建立养殖专业合作社，并科学制定和完善合作社制度规章，带动村民积极加入养殖合作社，实行"合作社+农户"的经营模式，壮大合作社的养殖规模和实力，形成品牌，做强企业，做大产业，为农业经济注入新的活力。

（三）政府相关部门应建立和完善惠农、促农发展相关政策措施

政府相关部门要加大对农村养殖业的支持力度，建立和完善扶持农村养殖业发展的相关规章制度及政策措施；组织开展

养殖技术培训并形成制度；适度地给养殖户提供资金支持，为养殖户提供金融贷款并适当给予补贴，形成长效机制，做好养殖户的资金后盾，解决养殖户的后顾之忧。

（四）以教育和技术培训为途径，促进农业科技的广泛运用

2012年的中央一号文件明确提出，"加强教育科技培训，全面造就新型农业农村人才队伍"。要加大各类农村人才培养计划实施力度，扩大培训规模，还提出要大力培育新型职业农民。这为开展农民职业教育培训奠定了政策基础。

目前阻碍马岩及广大农村畜牧业规模化、产业化发展的瓶颈正是由于农业科技人才的缺乏。所以，政府相关部门及村两委会应组织和加强对有意发展养殖业的村民进行技能培训和技术指导，并向农户推广现代农业科学技术；同时，应帮助和资助正在发展的养殖户修建圈舍、扩大规模。

随着畜牧业生产方式的转变，集约化、规范化、专业化水平的不断提高，动物疫病已成为制约畜牧业健康发展的重大障碍。而农村兽医工作基础薄弱，不能很好地解决动物重大疫情，减少养殖户的财产损失。因此，各养殖户和动物医务人员要认真学好动物养殖专业知识和病虫害知识，认真做好动物的日常管理和病虫防预工作，做到防患于未然，减少因动物疾病而产生的损失。

五、小结

国民经济和农业的可持续发展，离不开畜牧养殖业做出的贡献。启动农村市场，增加农民收入，迫切需要大力发展畜牧业。改革开放以来，我国畜牧业在国民经济中的地位发生了根本性的变化，畜牧业已成为当前农村经济中相对独立的支柱产业。

通过对马岩村畜牧养殖业的调查，发现当前马岩村畜牧养

殖业大多还停留在传统小农经济式的层面，没有多大的发展和进步。同时还存在诸多不足之处，无论是传统散养还是现代规模化养殖，都没有完全走出传统小农经济思想的束缚。

对此，政府相关部门应当加强对农村养殖业的支持和引导，建立和完善相关促进农村畜牧养殖业可持续发展的政策措施，注重对养殖户的科学教育和技术培训。同时，积极组建符合马岩实际和具有"领头羊"作用的专业合作社或者是服务型的合作社，并做好在老百姓中的宣传，带动和鼓动村民积极加入养殖合作社，实行"合作社+农户"的经营模式，积极引导农户走出小农经济和作坊式生产的管理理念，改变长期以来束缚农民的传统思想，让农民走出一度缺乏长远发展意识的思想窘地。

在经历了计划经济到市场经济的今天，小本经营是掀不起多大的风浪的，所以笔者觉得，农村养殖业要想得到市场的认可，必须要靠打"组合拳"，合作社是实现这一目标的载体同时也是主体。所以，组建一个有责任感、有发展潜力、有实力的养殖专业合作社，做成一个具有市场影响力的品牌是农村畜牧养殖业长久、健康、稳定发展的前提条件。

政府相关部门应加强对农村畜牧养殖业的引导和支持，建立和进一步完善强农、惠农、富农政策措施，并加大政策执行力度，科学地协调好高产、优质、高效三者的关系。要把高产放在基础地位，优先考虑优质目标，高效目标则要放在繁荣农村经济的核心位置。同时，实现农业的振兴，必须紧紧抓住世界科技革命方兴未艾的历史机遇，坚持科教兴农战略，把农业科技摆上更加突出的位置，推动农业科技跨越发展，为农业增产、农民增收、农村繁荣注入强劲动力，努力构建和维护农村社会和谐稳定的局面。

参考文献：

[1] 刘江. 中国农业发展战略研究 [M]. 北京：中国农业出版社, 2000.

[2] 杜晓光. 农村养殖业的困境和出路 [J]. 河南畜牧兽医, 2008 (11).

[3] 章家恩. 农业循环经济 [M]. 北京：化学工业出版社, 2010.

[4] 徐更生, 刘宗超. 我们的治农方略 [M]. 北京：中国社会科学出版社, 2006.

[5] 李贵英. 农村生猪散养户在养殖中存在的问题与对策 [J]. 四川农业科技, 2010 (1).

[6] 厉以宁. 西方经济学 [M]. 2版. 北京：高等教育出版社, 2005.

[7] 王俊豪. 产业经济学 [M]. 北京：高等教育出版社, 2008.

第五章　马岩村大棚蔬菜种植产业

邓小平同志指出农业是根本，不能忘掉。农业是国民经济的基础，农业是经济发展、社会安定、国家独立的基础。农业的兴衰成败关系到国民经济的全局，没有农村的稳定和全面发展，就不可能有整个社会的稳定和全面进步，没有农业现代化，就不可能有整个国民经济的现代化。所以，我们应该把农业发展作为全社会建设的重中之重。本章通过对马岩村大棚蔬菜的发展现状进行实地调查，找出其中存在的不足并对其展开分析研究，探寻马岩村大棚蔬菜产业今后的发展路径和方向。

一、"三农"问题的重要性以及国家、贵州、武陵山区对"三农"的相关支持政策分析

（一）"三农"问题及其重要性

"三农"问题是实现农业现代化进程中最艰巨的任务，也是全面建成惠及十几亿人民小康社会面临的最大难题。"三农"问题不仅是一个经济问题，也是一个政治问题。因此，如何从根本上破解"三农"这一难题，已成为目前经济社会发展中的重要课题；在中国特色社会主义现代化建设新阶段，"三农"问题的核心是农民增收问题，事关全局、意义重大。它直接关系整个国民经济的健康发展及整个社会的和谐稳定，关系到2020年

全面建成小康社会宏伟目标的实现。所以,"三农"问题我们一定要解决。

(二)国家、贵州、武陵山区对"三农"的相关支持政策分析

1. 国家支持"三农"的相关政策

《关于加快推进农业科技创新持续增强农产品供给保障能力的若干意见》指出:狠抓"菜篮子"产品供给。抓好"菜篮子",必须建好菜园子、管好菜摊子。要加快推进区域化布局、标准化生产、规模化种养,提升"菜篮子"产品整体供给保障能力和质量安全水平。实施全国蔬菜产业发展规划,支持优势区域加强菜地基础设施建设。

2. 贵州支持"三农"的政策

《关于进一步促进贵州经济社会又好又快发展的若干意见》指出:要着力提高农业产业化水平,重点培育和引进一批农业产业化龙头企业,以农产品生产基地为依托,形成若干具有当地特色和资源优势的农业产业化示范基地。着力提高农民组织化程度,扶持农民专业合作社、专业服务公司、专业技术协会等组织发展,为农民提供多种形式的生产经营服务。

3. 武陵山区对"三农"的支持政策

根据《国务院关于推进重庆市统筹城乡改革和发展的若干意见》要求,协调渝、鄂、湘、黔四省市毗邻地区发展,成立国家战略层面的"武陵山经济协作区",促进我国东、中、西部地区协调发展。至2011年年末,武陵山区贷款余额为218亿元,比2006年年底增长了2.46倍,年均增速为19.73%。投向"三农"的贷款余额92.2亿元,占贷款总量的42.3%。为满足武陵山片区内"三农"的需要,由农发行作为发起人成立村镇银行,更好地立足县域,贴近基层,服务"三农"。

灯塔办事处提出:打造特色产业助农增收。在学习实践活

动中，以科学发展观为指导，紧紧围绕"壮大产业带"战略目标，坚持"一村一品"、"一乡一特"的发展思路，大力发展无公害蔬菜、优质碰柑、高质香菇、生猪养殖、玫瑰花五大产业，在锦江河两岸和快速干道等乡村公路旁建立产业带，打造一批标准化、规模化、品牌化带动作用强的蔬菜基地、碰柑基地、香菇基地、生猪养殖基地、玫瑰花基地。马岩村将依靠科技发展壮大蔬菜水果产业，走出一条绿色增收致富路。

以上政策对马岩村大棚蔬菜发展走上产业化、规模化和标准化起到了积极的促进作用。有利于推动马岩村经济社会协调发展，建设社会主义和谐社会；有利于充分利用马岩村丰富的水资源和人力资源，带动整个区域的经济快速发展；有利于统筹城乡发展，实现农民增收，进一步缩小城乡差距，最终达到共同富裕的目的。

二、马岩村蔬菜的种植历史、发展现状分析

（一）马岩村蔬菜的种植历史

在新中国成立前，马岩村村民就以种植蔬菜为主，种植蔬菜的收入远大于种植稻谷和玉米的收入，因此那时多数村民就开始用种植蔬菜所得到的钱购买大米。但是当时村民种植的蔬菜品种较为单一，只有辣椒、白菜、茄子、萝卜等经济效益不高的菜种，都是按各种蔬菜的自然季节生长，而不像现在这样可以种植反季节蔬菜，且这些菜种都是农户自己培育，用于来年下种，他们称为"留种"。由于没有现在所用的尿素、磷肥等有机化肥，而只是用农家肥，因此蔬菜的总产量很低。在市场上没有塑料薄膜之前，他们的"大棚"是用竹子搭建框架之后用树叶、茅草等材料放在竹架上，用以防晒和保温。更没有抽水机，各家就挑水灌溉蔬菜，村民种植的蔬菜完全可以维持生计。根据一些高龄老人的讲述，在连续三年天干的时候也没出

现过闹饥荒。村民对种植蔬菜都有着丰富的经验。

（二）马岩村大棚蔬菜的发展现状

1. 马岩村大棚建设情况

马岩村岩董村民组和坳田董村民组是铜仁市的两个特色蔬菜种植示范点，农户有种植蔬菜的传统，种植蔬菜是其主要经济收入来源。2008年起，政府先后在岩董村民组和坳田董村民组投入200余万元修建蔬菜基地。

岩董村民组有122户人家，到目前为止，种植蔬菜的有60户，占岩董村民组总户数的49.1%；有183个大棚，大棚种植面积有300多亩。坳田董村民组有120户人家，种植蔬菜的有50户，占坳田董村民组总户数的44.2%；有185个大棚，大棚蔬菜种植面积有320亩。

图 5-1 马岩村岩董村民组大棚基地

2. 马岩村大棚蔬菜种植户类型

马岩村现在的主要群体是老人、妇女和儿童，年轻人在家的占少数，其余的大多外出打工，村里种植大棚蔬菜的主要劳动力大概有100人，其中大多是50~70岁的老人，只有少数青年人在家承包大棚专职种菜。通过农户种植规模类型，将马岩村的大棚种植户进行归类，见表5-1。

表5-1　　　　　马岩村的大棚种植户类型

种植类户型	小规模种植户	中等规模种植户	大规模种植户
数量（户）	35	65	28
所占比例（％）	27.4	50.8	21.8
拥有大棚个数	2个以下	3~5个	7个以上

3. 马岩村大棚蔬菜土地流转形式

当初修建大棚时是按照统一规划和农户自愿的原则，基于马岩村村民种植蔬菜的传统，对于他们来说是一个很好的发展方式，因此除了少数几户全家都外出打工的家庭外，其余农户都修建了大棚。虽然经济效益有了很大的提高，但是由于村民的人均耕地较少，专门做大棚蔬菜的收入并不高，好多农户觉得在家种蔬菜还不如去打工。正如一个农户所说的"在外面打工的话比较单纯且工资基本固定，在家做农活从天亮忙到天黑，最终收益也不高"。因此，总的来看，马岩村的土地流转存在下列两种形式：一是有偿转让。租金是双方根据土地的肥沃程度、地理位置和是否有大棚来自由定价，每亩地的价格波动在100~1000元之间，但是有的农户不要现金，而是谷子，但必须是当年的新鲜谷子，以至于能确保吃上新鲜的大米。他们之间没有正式的租赁合同，彼此认为哪个价位合理，愿意或需要租借几年，口头协议即可。很大一部分农户就把有棚或无棚的土地转让出来，出租给其他农户，而外出务工，这对于他们来说可以获得两部分收入，即出租土地的财产性收入和外出打工的工资性收入。二是无偿转让。这是建立在亲戚和朋友关系之上的互惠行为，作为土地无偿给出的一方，其本意是由于种地没有太大的经济效益而另谋出路。所以，宁愿把土地无偿送给自己的亲戚和朋友种，这样就确保了土地不会隔荒。一位把土地无偿转让给自家大哥的金阿姨这样说道："我家的土地是送给大哥种，但还是属于我管，只是无偿的借给他，不存在期限，我什么时候需要用了就收回，这样可以帮助他增加一些收入。"这样的现象在马岩村较多，但这对于马岩村的总体经济效益没有产生消极影响，相反是提高了经济效益和经济收入的总量，提高了土地的利用效率，增加了农户的收入。

4. 马岩村大棚蔬菜生产成本组成及销售量

马岩村大棚蔬菜一般一年种植两季，菜农的成本主要包括购买种子、肥料、农药的费用，土地租金，运费，电费和大棚维修材料费及平摊到每户的灌溉管理费等。根据菜农的讲述估算，建造一个大棚需要12 000多元，每个大棚每生产一季要投入2000元左右。在销量方面，根据农户的估算，马岩村淡季每天蔬菜的总销量在4000斤左右，旺季每天蔬菜的总销售量在10 000斤以上。扣去生产成本，每个大棚种植一季纯收入在3000元以上。

三、马岩村大棚蔬菜发展中存在的问题及解决对策

（一）马岩村大棚蔬菜发展中存在的问题

1. 种植面积少、基础设施落后

马岩村总共有两个大棚蔬菜种植点：一个是岩董村民组；另一个是坳田董村民组。这两个蔬菜基地种植总面积不到650亩，已建造大棚368个。经计算，每个大棚占地面积不到0.57亩，每户人家平均拥有大棚数不到2个。基础设施都很落后，许多大棚出现棚体老化现象，从而影响了大棚蔬菜的发展。实地调查发现，现有8个灌溉装置损坏和3个杀虫设备损坏；没有蔬菜冷冻库、食用菌钢架和秧苗圃等。路网建设、排灌系统

建设、电网建设、生产道路建设、桥梁建设及大棚蔬菜钢架建设等较为落后。

2. 蔬菜生产集约化、规模化程度较低

马岩村蔬菜生产分散，蔬菜种植位置选择带有主观性，蔬菜生产中存在盲目性和随意性。从表5-1中可以看出，小规模种植户为35户，中等规模种植户为65户，大规模种植户为28户，中等规模种植户占的比例最高，大规模种植户所占比例最低。况且在没有政府专门进行规划的情况下，大多数农户都是自己种植自己的那一部分，没有规模经济的意识。只有少数有经济头脑的一部分人家把其他农户的土地租来进行规模化生产。

3. 蔬菜生产科技含量低

主要表现在以下几个方面：一是蔬菜高效种植的关键技术掌握不够，生产、管理比较粗放，没有加温、增光、增施二氧化碳等措施，整体科技水平低下。二是新品种、优质特色品种及高收益品种少，对复合高抗品种、耐低温品种等新品种引导和推广力度不够。三是缺乏科学管理经验及对病虫防治能力，死苗严重，采用大量农药后还是效果不佳，导致效益受损。四是缺乏科学的种植技术和生产设施。马岩村菜农基本上是依靠以往的种植经验进行种植，没有科学的种植经验；政府没有对农民进行农业技术指导，本村缺乏懂农业的技术人才，农民不懂得使用机械化农用设施，机械化生产难以实现。

4. 合作社没起到应有的作用

自合作社成立以来，合作社没有真正运作过，现在合作社里的这些人就是到市场上去看一下菜价，或者是帮农民买种子、肥料等。菜市场卖3元的，合作社收购价为2.5元，但是大批外地菜进入市场导致本地菜又降到2元。这样每百斤蔬菜就亏了50元，加上相关费用，国家又没有补贴，合作社的亏损很大，后来合作社就没有运作了。

5. 种植品种单一及销售方式落后

马岩村大棚蔬菜品种主要以黄瓜、西红柿、四季豆为主，无经济效益高的新品种，造成连作现象严重，致使产量和收益不高。而且菜农种出的菜基本上批发出售，只有极少数是自己亲自到集市上去卖菜。一般有两种选择方式把菜批发出去：一种是直接就批发给在本村收菜的菜贩子；另一种是直接运到市里的菜市场进行批发。前者占大多数，后者一般是少数专业种植大户。

6. 销售价格低

现在农户的菜主要是通过在菜地里批发和到菜市场批发给菜市场的菜贩子，菜贩子低价收购高价卖出，从中获取了高额利润。从而出现了市场上的菜价虽然很贵，但是种菜的农户并没有从中受益的现象。

7. 缺乏愿意从事种植的劳动力

在马岩村，大多数年轻人出去打工、求学、经商等，他们不愿从事繁重的体力劳动，村里只剩下小孩、妇女和年老体衰的老人，出现村里劳动力丰富而愿意从事繁重体力劳动的劳动力缺乏现象。

（二）解决马岩村大棚蔬菜发展中存在问题的对策

1. 加大资金投入，加强大棚蔬菜基础设施建设

①国家要将分散使用的种粮补贴资金集中用于农业基础设施建设和农田改造，加强水利设施的修建和低产田的改造，增强抵御自然灾害的能力。②鼓励农民进行农业机械化，提高耕作效率。一方面扩大机耕面积，能进行机械化生产的耕地尽量使用现代农用机械生产；另一方面发展农机工业，集中优势力量，研发生产经济实用的各种农机具，增加农机补贴，使农民买得起、用得上。③相关金融机构应该加大对农民的贷款扶持力度，相关部门对先行自愿建设新型钢架结构、砖混的菜农户

图 5-2　农业从业者老龄化

应给予适当补贴和政府贴息贷款。④从马岩村大棚蔬菜发展实际出发，对种植进行科学合理的规划布局以节约基础设施配置；从各方面因素考虑，从基础设施、大棚建设等方面着手，对损坏较轻的设备进行维修，对损坏严重至不可用的设备重新购买，同时引进其他地区的先进生产设备。

2. 对马岩村土地做出科学合理的规划

因为各农户的土地分配不均匀，如果按照整体规划布局的要求，就会产生矛盾，蔬菜基地的用地就会出现不规模经济的现象。这就需要在全盘考虑之后取最优方案，主要考虑以下两种模式。①按土地所占的比例，农户自己种植，但必须符合整体规划的要求和经营的模式进行；②针对土地较少的农户，可以将土地按一定合理的租金租给承包人，让承包人对土地进行合理规模的生产和经营。

3. 加强合作组织自身管理

围绕马岩村地理优势和特色，通过区域带动，提高合作经济组织生产经营服务能力，拓展农产品销售渠道，实现农业标准化生产。进一步加强与各大超市的联系，争取将全省更多的农村合作经营组织产品引入全国大型连锁超市，缩短农产品销售距离，降低中间损耗，完善农产品食品链。通过建立农机专业合作社，充分发挥大型农业机械作用，来提高生产效率、降低生产成本，进而促进劳动力转移，实现农业增效、菜农增收。

4. 加强技术的引导和改进，大力投入技术资源和人力资源

①加大对村民进行职业技术培训，充分发挥农技人员的积极性，从制种、栽培、植保到土壤改造等各个方面，加强农业科研，进行机械化生产，提高农业科技含量。②引进红辣椒、蒜苗、食用菌等技术含量高而且适合当地气候的农产品，也可考虑种植礼品西瓜、圣女果、大棚花卉等，提高农产品科技含量。③鼓励外出打工的人员回来种植，这样一是可以照顾家里的老人和小孩，二是可以缓解当前严峻的就业压力。④加快提高现有人才素质、实施人才开发战略，改变人们旧的思维观念和思维方式以及生活习惯，让农民以创新的思维去思考问题，找出可行的发展路径。

5. 引导广大群众更加清醒地认识蔬菜的发展形势和前景

蔬菜工业强县的快速发展，城市人口的快速增加，给蔬菜带来了巨大的消费市场。因此，政府应该引导村民们明确认识大棚蔬菜是马岩村的主导产业，是他们致富的门路，具有长期稳定的发展前景。

6. 因地制宜，科学发展；以典型带动，以示范促进

蔬菜有很强的生态适应性，特别对气温、低温、适度有严格的要求。因此，发展蔬菜生产，在引进品种、借鉴技术时要参考地理优势位置，气候环境适应和其他相似的示范基地去学习、考察。在已有大棚的基础上，引导党员干部及有积极性的菜农，引进礼品西瓜、圣女果、大棚花卉等经济效益高的新特

品种，建设先进示范棚，以扩大生产规模起到典型带动、示范促进、政策引导、政府推进的作用。

7. 采取以大棚蔬菜为主，以露地蔬菜为辅，构建大棚蔬菜与露地蔬菜相互促进、相互利用的合理格局，形成一年四季确保鲜菜生产的局面

在大棚生产上，应以增加农民收入提高人们生活水平为目的，引导农民以蔬菜生产为主要产业，不断扩大规模，将大棚生产与中小棚、方棚相结合，合理布局，相互促进提高科技含量。在上级党委的正确领导下，在广大群众的积极配合下，将马岩村蔬菜产业做大做强，使生态效益、社会效益、经济效益大幅提高。

图 5-3 长势良好的大棚西红柿

四、促进马岩村大棚蔬菜发展的路径选择

（一）发展路径

发展生态旅游观光农业。随着人们收入的增加、生活节奏的加快以及竞争的日益激烈，生活和工作方面的压力越来越大；

在这样一个竞争激烈的社会里,大多数人渴望能在观光农业中去释放压力。通过实地考察,马岩村景色十分美丽,森林覆盖率高,环境优美,和锦江形成一道独特的风景,又与"大明边城"和九龙洞景区相邻,适合旅游开发。因此,将这一资源和蔬菜基地连接起来共同运营,其会带来很大的经济效益。其可行性在于马岩村离城镇较近,待交通开发完善后,交通便利,同时依靠"大明边城"及"武陵山区旅游"开发建设带来的外部性,城市居民及外来游客可以到马岩村游玩,挑战峡谷乐趣,欣赏秀丽的青山绿水,观赏蔬菜的景观,体验农活的乐趣,这将带来巨大的外部经济效益。

(二)加大政府的支持力度

据调查,欠发达、欠开发是马岩村的实际现状。利用当地丰富的水资源和劳动力资源发展大棚蔬菜是增加农民收入的主要途径。因此,当地政府应当把国家、贵州以及当地的强农、惠农政策认真落实到实处,总结已有的经验教训和借鉴别人成功的经验并针对现存的问题采取相关可行性措施,完善相关基础设施,出台相关强农、惠农政策,加强对农机补贴和粮种补贴,以此带动农民种植大棚蔬菜的积极性。使马岩村的大棚蔬菜发展早日走上产业化、规模化、标准化之路。

五、结束语

随着经济的发展、社会的进步,生活水平的提高,人们对高品质生活的需求也越来越高,对蔬菜的品种、质量、外观形态等越来越关注;同时,在这个竞争激烈的社会里,大多数人渴望能在观光农业中去释放压力。这会给马岩村大棚蔬菜发展带来广阔的前景。我们坚信,在国家及地方相关强农、惠农政策的有力支持下,在当地政府的指导下,通过马岩村全体村民的共同努力,马岩村大棚蔬菜将会走上一条具有本地特色的产业之路。

参考文献:

[1] 中共中央关于推进农村改革发展若干重大问题的决定[N]. 人民日报, 2008-10-12.

[2] 中共中央关于制定国民经济和社会发展第十二个五年规划的建议[N]. 人民日报, 2010-10-28.

[3] 中共中央关于加快推进农业科技创新持续增强农产品供给保障能力的若干意见[N]. 人民日报, 2012-02-02.

[4] 国务院关于进一步促进贵州经济社会又好又快发展的若干意见[N]. 人民日报, 2012-4-11.

[5] 张培刚, 张建华. 发展经济学[M]. 北京: 北京大学出版社, 2009.

[6] 韩俊. 中国三农100题[M]. 北京: 中国发展出版社, 2004.

[7] 王俊豪. 产业经济学[M]. 北京: 高等教育出版社, 2008.

[8] 刘思华. 可持续农业经济发展论[M]. 北京: 中国环境科学出版社, 2002.

[9] 王雅鹏. 现代农业经济学[M]. 北京: 中国农业出版社, 2008.

[10] 胡德平. 中国"三农"政策及解读[M]. 北京: 研究出版社, 2004.

第六章　马岩村土地资源利用

费孝通教授说过:"靠种地谋生的人才明白泥土的可贵。城里人可以用土气来藐视乡下人,但是乡下,'土'是他们的命根。在数量上占着最高地位的神,无疑的是'土地'。'土地'这位最近于人性的神,老夫老妻白首偕老的一对,管着乡间一切的闲事。他们象征着可贵的泥土。""直接靠农业来谋生的人是粘着在土地上的。"是的,土地是农村发展的根本,是农民的命根子,没有了土地,也就意味着农村失去了发展的前提,土地也是父辈遗传给下一代最好的财富。为了突出土地对于农村人的重要性,结合马岩村实际,本章将从马岩村土地流转的现状为切入点,对马岩村的土地资源利用状况展开分析。

一、马岩村土地利用的现状

马岩村全村土地总面积 10.6 平方千米,其中耕地面积有 1990 亩,占总面积的 12.5%,村民主要从事农业生产。由于马岩村有着丰富的水资源,为农业生产提供了有利条件。当地农户种植蔬菜历史悠久,现在蔬菜种植面积逾 300 亩,占耕地面积的 15.07%,已建成标准蔬菜大棚 500 余个,是铜仁市重要的蔬菜生产基地之一。农民除种植水稻、玉米外,还种植红薯、油菜等经济作物。近年来,马岩村人民凭借自身独特的自然、人文条件及政策机遇,不断调整产业结构,转变经济发展方式,通过发展蔬菜、香菇、蓄养、因地制宜发展产业，走出了一条有特色的农村经济发展道路。

由于村内各组地理条件的差异，各组种植的农作物和经济作物不同，上木林、中木林和下木林所占的区域主要种植水稻和玉米等农作物，岩董、坳田董和落鹅主要种植蔬菜等经济作物，半坡田、马岩、半坡田、吴家湾、卢家和金斗量主要种植玉米、红薯等作物。

总体来看，马岩村初步建立了传统种植蔬菜和以大棚蔬菜基地为代表的现代化方式的混合型土地利用模式；大量使用现代化的耕作方式和技术方法，使土地得到有效利用；土地利用方向主要是种植农作物和经济作物，后者的利润高于前者；各组土地利用的结构、方式和效率不同，土地流转方式制约了土地规模效应；对农业的投入还有待进一步加强，尤其是作用于土地之上的制度、技术和人力资源等要素投入更有待提高。

二、马岩村土地利用存在的问题

（一）土地闲置和撂荒严重，人均实际利用耕地减少

马岩村的人均耕地面积约为1.55亩，但是存在分布不均的状况，除上木林、中木林和下木林三个村民组所占土地面积较多之外，岩董、坳田董和马岩这三个村民组的人均面积只有1亩左右。其他几个村民组的土地都较为分散，加之修建水电站又淹没了河岸的农田，导致耕地减少，落鹅村民组的一片农田由于所处交通不方便和村民外出务工而劳动力不足，导致撂荒。因此，现在被利用的人均耕地各村民组平均维持在1亩左右。

（二）各组土地利用的效率不断提高，但呈现不均的状况

岩董和坳田董这两个村民组的土地利用率是最高的，其中岩董村民组有122户人家、共500多人，岩董村民组的大棚蔬菜基地占地面积300亩左右，已建规则不同的大棚183个。到目前

图6-1　一半耕作一半荒废

为止,只有60户在家以种植蔬菜为业。统计数据显示,首先假定用于种植蔬菜的必需投入品如肥料、种子、农业工具等不变,蔬菜大棚数目不变,即用于修建大棚的土地不变,劳动力投入减少,即由原来的122户减少到现在的60户,同时,种植蔬菜每年可以轮番种植三季。这就得出产量和经济总值是增加的。

但是在没有进行土地规划利用的区域如半坡田、吴家湾、金斗量等村民组,由于种植单一,每年只种植一季水稻或玉米,部分便利的土地就种植红薯、土豆等之类的作物,土地的利用效率还是维持在传统水平。

(三)土地流转方式没有租赁合同,使得土地利用有一定的风险,制约了土地使用者投入生产的积极性

2008年政府投资帮助修建大棚的时候是按照统一规划和农户自愿的原则,基于岩董村民组的村民种植蔬菜的传统,对于他们来说是一个很好的发展方式,因此除了少数几户全家都外出打工的家庭外,其余的农户都修建了大棚。虽然经济效益有

了很大的提高,但是由于村民的人均耕地较少,专门做大棚蔬菜收入并不高。目前,随着村里年轻人都外出务工,很大一部分土地都低价流转给本村的村民使用,以确保土地不搁荒。目前马岩村土地流转形式分有偿转让和无偿转让。

有偿转让是土地流转者收取一定租金的形式。土地租金是双方根据土地的肥沃程度、地理位置和是否有大棚来自由定价,每亩的价格区间在100~1000元不等,但是有的农户不要现金,而要用当年的新鲜谷子作为租金。协议双方没有正式的租赁合同,彼此认为价位合理,愿意或需要租借几年,口头协议即可。很大一部分农户就把有棚或无棚的土地转让出来,出租给其他农户,自己则外出务工,这对于他们来说可以获得两部分收入,即出租土地的财产性收入和外出打工的工资性收入。对于土地的直接使用来说虽然是减少了成本,但是由于合同是属于口头的协议,使土地使用者顾虑重重,不敢也不会在土地生产经营上投入太多,而是按照原来的生产方式进行耕作,这样的结果并没有使土地增值而只是保值,土地利用效率较低。

无偿转让是指土地拥有者外出务工把土地无偿转让给亲戚耕种。既增进了亲戚感情,土地又不搁荒。

马岩村土地转让规模较小,自发性和随意性大,有组织、有规模的土地转让缺乏,使得农业发展处于小打小闹的小农业经济状况,农业产业化难以实现。

(四)现代化的耕作方式没有完全普及应用,因此土地利用效率不高

目前,蔬菜基地已经普遍使用拖拉机耕地,使用更加高效生态的种子和农药。但是这些先进耕作技术并没有在整个马岩村普及应用,除了自然环境的因素外,主要还在于其他组没有得到政府的重视和投入,村民的投入能力弱。

图 6-2 老农和老牛

三、提高马岩村土地利用效率的对策

（一）政府应加强对现有土地和撂荒土地的有效利用和开发

（1）土地管理部门应该调查统计在用和撂荒土地量，合理规划在用土地，积极引导村民将土地分配利润最大化的使用方向。

通过比较发现，按照传统方式分配的土地利用情况，基于上木林、中木林和下木林三个村民组的地理位置适合于种植水稻和玉米，岩董、坳田董和落鹅三个村民组适合于种植蔬菜等经济作物，而其他几个村民组则因地理因素在这两方面都处于相对较弱的地位，这就从地理位置的角度分配了各自土地利用利润最大化的使用方向。但是，同样具有发展蔬菜等经济作物的落鹅村民组与岩董村民组和坳田董村民组相比，其土地的利用效率又较低。其原因如下：落鹅村民组的村民种植蔬菜的传统没有岩董村民组和坳田董村民组村民的悠久，在对蔬菜的种植规律上次于后两者；②政府对岩董村民组和坳田董村民组蔬菜基地的投入要大于落鹅村民组，不论是从资金的投入还是农业基础设施的投入，都大于后者。因此，这决定了岩董村民组和坳田董村民组的土地利用利润最大化的使用方向。另外，种植的农作物和经济作物相比，种植蔬菜等经济作物的经济效益远大于种植农作物，这也决定了土地利用利润最大化的使用方向在于土地利用的使用方向。

（2）整合开发搁荒土地，形成集规划、开发和保护一体的土地利用机制，确保土地资源的可持续利用。

政府部门应该加大对搁荒土地开发的资金投入，调动村民的积极性，将其转化为经济效益。马岩村土地资源的可持续利用应该基于土地资源的非再生性、对经济社会的基础性和土地作为农民的最可靠保障性。土地作为村民赖以生存的载体，有着不可替代的重要意义，农民离开了土地就难以生存和发展。为此，必须加大对土地资源的可持续利用，确保在人均耕地不减的前提下效益最大化。

（二）均衡整合各项要素投入力度，确保马岩村土地整体利用效率的提高

1. 进一步提高大棚蔬菜基地土地利用的效率

在政府投资和帮助下，马岩村党总支通过把"支部建立在产业上"，岩董村民组、坳田董村民组和落鹅村民组的蔬菜基地现在已经初步建立，各项农业基础设施基本配套，这促进了马岩村农业发展和土地的有效利用，对其提供制度和技术保障。针对大棚蔬菜基地的不完善度，应该加强大棚蔬菜基地土地的整体规划，科学布局，进一步加大对未整合部分土地的投入，拓宽大棚蔬菜种植面积和配套完成各项基础设施，引导村民积极参与到农业生产中，充分利用现有的土地资源。

2. 加强对其他村民组土地利用的合理规划

对以种植农作物为主区域的土地进行合理的规划利用是当前马岩村的又一项重大任务。由于村民目前的耕作方式基本上都保持传统的模式，相比蔬菜基地，所获得的投入较少，土地利用效率没有得到很好地提高，农业经济发展缓慢。上木林村民组、中木林村民组和下木林村民组是主要的农作物种植区域，水源丰富，地势适合机械化耕作方式，应该加大对农业基础设施的投入力度，完善水利工程设施，继续引进机械化作业，合理规划，这可确保在耕地既定的前提下提高土地的产出率。

（三）规范土地流转方式，保证土地使用者投入的积极性

目前马岩村土地利用的实际情况存在分散性。一方面，村民以家庭联产承包责任制作为使用权保证，行使所分配到的土地，马岩村有一半的村民是通过这种方式来实现农业生产，确保了村民的发展需要；另一方面，大部分青壮年外出务工的比较收益大于农业生产的收益，暂时放弃土地的农业产生，于是就出现土地有偿转让或无偿转让，初步具备了土地规模耕作和农业规模效益的客观条件。马岩村土地利用是在家庭联产承包责任基础上的自主经营和初步具有土地流转规模的混合模式。但是前者的经济效益整体弱于后者，后者的作用没有完全发挥作用。因此，必须积极引导村民规范土地流转的途径，明确合同形式及法律效应，用法律的形式确保土地使用投入者的权益。针对农民土地出租、农村青壮劳动力进城，可能出现无人种植这一问题，应该通过示范带动作用，激励种植能手、种植大户、农民专业合作社和农业企业积极发展农业经济，确保土地的有效利用。

（四）健全制度，加大技术和人力资源等要素的投入，加快实施现代化的耕作方式，增进土地利用的效率边际

1. 落实和协调分配对农业生产的制度资源

各级有关部门应该认真落实各项农业政策，强化制度对农

业生产的积极作用；更加注重农业政策资源的落实和协调分配，确保村民充分利用政策资源；发挥马岩村党总支在土地利用和农业发展中的积极作用，大力宣传农业政策，认真调查整村的实际情况，确保政策的有效实施。

2. 完善人力资源投入机制，传承既有的农业生产技术，充分发挥先进技术和农业人才对土地利用及农业改造的作用

农业现代化就是用现代科学技术和现代工业来为农业提供生产的技术手段和物质手段，用现代经济管理方法提供农业生产的组织管理手段，把封闭的、自给自足的、停滞的农业转变为开放的、市场化的、不断增长的农业。按照这个标准，马岩村农业已经从生存农业阶段，即自给自足的传统农业阶段过渡到了多样化混合农业阶段，即作物种植多样化的混合家庭农业，部分为家庭自给生产，部分为商业交换生产，正在向现代农业阶段迈进，即专业化的商业农业。所以，必须加强完善人力资源的投入机制，对农民进行技能和经营能力的培训；改善原有技术和耕作方式，引进先进适用的技术，使其更加有效地作用于土地的有效利用，增进土地利用的效率边际。

四、优化马岩村土地资源有效利用的对策建议

马岩村农业产出率的高低是以其土地的有效利用作为前提的。通过研究发现，马岩村的传统农业是贫穷状态的效率。所谓有效率不是指生产效率，而是指伴随着马岩村自然、经济、文化、制度等条件下的传统要素的配置是有效率的。这种效率是传统要素所达到和现实的极限效率，是一种贫困状态效率。由此表明马岩村农民的行为在相对的静态过程中是有效率的。因此，提高马岩村土地利用效率必须加强基于自然之上的经济、制度、技术和人力资源投入等条件的改善，以刺激农民，使其适应新的技术和环境。制度创新、技术工程措施和人力资源投

入并提高耕地利用率,加大投入与产出率,借助集约生产的方式,通过向农业投入更多的技术、资本或劳动力来实现。促进农业技术和人力资本投资,增强资源的互相替代性和互补性,使其作用于土地的效率更高。进行土地利用技术革新,注重土地保护,发展优势特色产业,是高效率的土地利用的有效途径。

(1)建立适合传统农业改造的土地制度、生产组织制度和激励制度。

土地制度的改革,常常可以为无地或少地农民提供增加农业生产的刺激,也会影响新要素的使用;向农民引入包括公共农业基础设施在内的成本更低的新要素,就是降低生产成本,让市场机制发挥作用,以要素和产品的价格变动来刺激农民,以促进农民更新和投资新要素。

(2)建立非营利性农业研究机构,农业生产的持续发展要求连续不断的农业技术发明和创造,而技术的创新源泉则来自农业科技研究。

(3)改造传统农业,不能只保持在传统技术水平的生产要素的累加和组合之上,而必须向农业投入新的生产要素,在这个过程中,农业资本相对土地和劳动的比例,将大幅提高。

(4)建立农业生产服务体制。马岩村蔬菜专业合作社和香菇专业合作社的成立为村民在落实农机推广、技术服务以及经营方面创造了新的有利条件,优化了土地结构。其带来的服务性质更是促进了农业产生的积极性。所以,现代农业的发展方向应该更加注重在增加新投入品的销售、农产品的加工和其他调动农业资本资源的手段、交通运输工具、道路建设、水利设施等方面建立农业服务体系。

(5)要实现对传统农业的改造,必须提高农民的素质,提高其人力资本的水平。通过对农业机械和其他技术的使用,使得马岩村村民对科技有了很好的认识,也促使他们接受新知识,所以村民的素质不断提高。农业发展所需要的一切投入品,都需要人来生产、使用和管理,劳动者素质的提高会大大改善这些投入品的生产和使用效率,而人力素质的提高却是教育的结果,这就为农村培养有文化、懂技术、会经营的综合性人才创造了条件。

(6)必须高度重视工业化对农业改造与转型的作用。马岩村依托铜仁市灯塔办事处工业化和城镇化发展,加强改造传统农业,转变农业发展和经营方式,土地效益充分发挥,农业生产率得到大幅提高。因为引导传统农业改造的长期因素,是工业化和城镇化所引起的对农产品的需求增加,由此而导致的价格上升趋势,将引导农业生产者改变自给自足的生产目的,而转向为市场生产,从而增加农产品的需求数量和对农业产品的需求结构。

通过对马岩村现阶段土地利用情况的分析,依据土地资源和经济建设发展的需要,充分注重制度、技术和人力资源等要素投入对土地利用效率的影响,加大对这些要素的投入,在此基础上提出土地利用的可行方案;然后对方案进行评价,选择对环境有利的最优土地利用方案,以此提高土地利用效率,增加农民的土地福利收入。

参考文献:

[1]西奥多·W.舒尔茨.改造传统农业[M].梁小民,译.北京:商务印书馆,2010.

[2]张五常.佃农理论:应用于亚洲的农业和台湾的土地改革[M].易宪容,译.北京:商务印书馆,2000.

[3]韦鸿.土地利用的经济分析[M].北京:中国农业出版社,2008.

[4]方先知.土地利用效率测度的指标体系与方法研究

[J]. 系统工程, 2004 (12).

[5] 贺永, 乐颖. 土地利用效率与机会成本 [J]. 山西建筑, 2004.

[6] 朱艳莉. 重庆市南川区土地利用变化及效益分析研究 [D]. 重庆: 西南大学, 2009.

[7] 胡庆龙. 农业效率和农业人力资本积累 [D]. 太原: 山西财经大学, 2004.

[8] 李仙娥, 等. 关于传统农业向现代农业转变基本理论问题研究 [J]. 陕西农业科学, 2007 (10).

[9] 李向东, 等. 传统农业技术向现代农业技术的转变——继承、改造和提升 [J]. 中国农学通报, 2007.

[10] 付学坤. 农村工业化进程中传统农业的转型及其规律研究 [J]. 理论探讨, 2005 (3).

第七章 马岩村农民专业合作组织

在新的经济背景及政策环境下,农民专业合作组织成为引导农民走向致富道路的一条新路子。但由于欠发达地区所具有的特殊性,使得农民专业合作组织在发展过程中遇到了很多困难。本章通过访谈法、文献法等方法,对马岩村的两个农民专业合作组织进行调查分析并提出相应建议和意见,力求能为该村乃至整个欠发达地区农民专业合作组织的有效发展提供理论与实践参考。

一、农民专业合作组织概述

从2007年《中华人民共和国农民专业合作社法》实施起,截至2011年6月底,在农业工商部门登记的农民专业合作社达到44.6万个,入社农户达到3000万户,约占全国农户总数的12%。在这一经济背景以及政策环境之下,我国的农村经济得到快速的发展。农民专业合作组织成为引导更多的农民走向致富的一个新的途径。农民专业合作社广泛分布于种植业、畜牧业、水产业、林业、运输业、加工业以及销售服务行业等各领域,成为实施农业产业化经营的一支新生的组织力量。然而,由于欠发达地区自身的政治、经济、文化等各种软环境以及地形等硬性环境的特殊性,导致很多该类地区专业合作社在成立以及后续的发展过程中受到更多因素的制约，发展过程更加坎坷，组织规模难以扩大甚至还出现了"空壳社"等现象。铜仁市马岩村作为欠发达地区的普通乡村之一，拥有吴家湾食用菌专业合作社、岩董蔬菜种植专业合作社等挂牌的农民专业合作组织，它们所表现出来的特征，使得马岩村成为此次调查目的地的一个较好选择。

本书通过采用访谈法、文献法等调查方法，通过与合作社的成员进行访谈以及阅读相关文献等途径，对马岩村的蔬菜专业合作社和吴家湾食用菌专业合作社进行调查研究，着重在于发现欠发达地区的农民专业合作组织发展的制约因素并找出相应的对策，深入到马岩村中去，力求能够为马岩村的农民专业合作组织的有效发展乃至欠发达地区的农民专业合作组织的有效发展提供实践参考。

二、马岩村农民专业合作组织概况

（一）吴家湾食用菌专业合作社

吴家湾食用菌专业合作社位于马岩村吴家湾组，成立于2009年，共有6个成员，都是本村吴家湾组拥有亲戚关系的吴姓村民。2009年年初，在看到铜仁市香菇市场的发展前景之后，现合作社成员之一的吴某某和原马岩村的支书吴某产生了种植香菇的意愿。为了尽快落实到行动上，在不具备任何香菇种植技术以及缺乏专业指导的情况下，吴某随后在带领3名返乡农民工到福建、重庆、云南、陕西、河南五省市考察后，每人出资6.5万元，到陕西汉中购买菌筒准备进行生产。但由于不了解菌筒相关的物理性质，在菌筒运输途中，因汶川大地震破坏的道路未完全修好而绕行，导致运输时间延长，菌筒被烧坏，最终损失达到13.8万元。他们认真总结经验教训，于2009年下半年到福建聘请了一位专业的技术人员。为了加强管理和销售，打开市场销路，他们成立了吴家湾食用菌专业合作社。其间，他们申请注册"康乐"牌香菇，但由于各种原因，并未得到有关部门的批准。与此同时，另外两名股东加入合作社，每人出资15万元，并于2010年登记注册。合作社成员皆是以现金入股，且所拥有的股权相同。现在该合作社的日常事务主要由3名股东在处理，每人每月领取工资1500元。另外3名股东常年在外从事自己其他方面的生产活动。

图7-1 吴家湾香菇基地内外景

该合作社成立至今，共获得各级政府及企业捐赠23 000元。其中，铜仁蔬菜办7000元，村委会3000元，环北办事处10 000元及阳光锰业3000元。政府组织的培训活动所讲内容多是关于合作社的财政管理。

该合作社有菇棚7亩，共分为19个棚，包括11个生长室和8个培育室。加上租用来进行菌筒生产及办公地点的铜仁市黔东粮站总共有10亩的生产基地。合作社的分红方式是除去在合作社内进行日常生产活动管理的3名成员每人每月1500元的工资及扣除第二年的生产费用之后的盈余上进行的，按股份进行分配。每个菌筒有2元钱的净收入，2013年的总收入达到120多万元。其中，合作社分红最多的一年达到6万多元，最少的一年则只有2万多元。

该合作社未制定相应的制度条款，有一位由成员共同推选出的董事长，日常事务遵循少数服从多数的原则，开会表决。

合作社种植香菇所用的菌筒都是自己制作。他们所种植的香菇分为冬菇和夏菇两季，成品菇运往铜仁市、凯里、怀化等地进行批发，最高价格为6元/斤、最低价格为3元/斤，而收购商在市场上的零售价最高为10元/斤、最低为5元/斤。

（二）铜仁市马岩蔬菜专业合作社

铜仁市马岩蔬菜专业合作社于2011年成立，共有6个人（都是马岩村岩董村民组的村民）到工商管理部门进行登记，每人出资300元作为启动资金。目前由于资金不足等原因，合作社并未真正运行，且由于自家的承包地过少，不足以维持自身基本的生存所需，其中的3名成员现已外出务工。合作社的基本事务目前主要由现任村委会副主任的吴某某、岩董村民组的队长金某某和岩董村民组的菜农吴某某在处理。

图7-2 马岩村蔬菜专业合作社

该合作社以会员的方式吸纳村民参加，村民成为合作组织的社员以后，他们进行生产所需的种子、农药等生产资料皆由合作社统一购买，可以享受到比市场更低的价格，更重要的是质量能够得到更好的保证。与此同时,在蔬菜上市的季节,合作社对农民种植的蔬菜进行统一运输及销售,以减少被中间商剥夺的利润,使农民获得更多的收益。合作社的会员覆盖了马岩村的落鹅、坳田董和岩董三个村民组(在岩董村民组,已有120多户村民被吸纳入社)。覆盖的蔬菜基地面积为300多亩,其中岩董村民组的大棚蔬菜基地占到200多亩,有300多个大棚。一个标准大棚占地0.5亩地,有些大棚是农民自己用竹子搭成的,因此其面积并不是标准大棚的占地面积。建一个标准大棚的架子大概要投入3000元,蔬菜中心出资1950元,农户出资1050元,加上购买塑料薄膜,一个大棚农户大约要投入1500元。他们在夏季主要种植西红柿、辣椒、花菜、胡瓜、黄瓜、茄子等蔬菜,在冬天则主要种植芹菜、小葱、大蒜、莴笋等作物。2008年马岩村委会曾经到贵州的罗甸县聘请了一位专业技术人员进行蔬菜种植的技术指导,政府也组织过技术培训,但更多的农民还是认为自己实际种植过程中积累的经验更值得信任。

由于针对入会会员征收的会费未能收起来,且政府的补贴没有实际到位,合作社的运作出现了资金不足的问题。另外,由于受到外地蔬菜的价格冲击,以及从农民手里收过来的蔬菜洒过水,运到市场上后,因为水分的蒸发,重量下降,使得合作社本身的运作处于亏本状态。与此同时,由于缺少冷藏室,导致蔬菜的存放期不能太长。综合上述原因,目前合作社并没有盈利,也没有关于分红方面的规定。合作社未制定规章制度,多是通过临时会议处理日常事务,遵循少数服从多数的原则。

三、存在的问题

(一) 融资困难

从以上对两个合作社相关情况的介绍中不难发现,资金问题对于它们的发展都存在着较大的制约。合作社的成员几乎都是本村的村民,且他们中有极大一部分都是靠务农为生。由于从事农业生产比较利益低下,且扣除了满足自身需要之后所剩下的劳动产品,是少之又少的,因此,他们的收入是极其有限的。即使其中有部分人曾外出务工,但是作为普通的农民工,其打工的收入在除去自己的生活费等各项消费之后,所剩的积蓄也是非常少的。同时,农民的贷款普遍存在着较大的问题。《中华人民共和国农民专业合作社法》第八条规定,国家通过财政支持、税收优惠和金融、科技、人才的扶持以及产业政策引导等措施,促进农民专业合作社的发展。但是,在实际运行过程中,政府部门对于这两个专业合作社的资金扶持并没有落到实处。吴家湾香菇专业合作社的社员虽然向银行贷有一定的款项,但是并没有享受到任何优惠,必须支付和普通的私人贷款一样的利息。该合作社成立至今,共获得各级政府及企业捐赠23 000元,其中部分是以材料的形式捐赠、部分以现金形式捐赠。而这笔钱相对于合作社的发展而言,无异于杯水车薪。马岩蔬菜专业合作社更是由于资金问题的限制,几乎没有投入运行,只能为少数会员提供农药和种子。这样,农民的积极性无法得到更好的发挥,合作社的运行规模便难以得到提高。相应地,对本村经济的带动作用及周围地区的辐射效果也必然无法得到更好的体现。

(二) 合作社制度的不完善

吴家湾食用菌专业合作社以及马岩蔬菜专业合作社都存在着内部制度不完善甚至是缺失的问题。合作社相关事务的管理都存在着较大的随机性,都是要等到问题出现以后才通过开会讨论解决的办法,这对于合作社的管理是相当不利的。没有规矩不能成方圆,合作社的运营同样遵循这一道理。而在合作社成员看来,制度的制定似乎是没有必要的。因为合作社的成员多是同一个村民组的村民,甚至相互之间还有亲戚关系。更多的时候,他们之间的关系靠农村所特有的地缘关系或者是亲缘关系来维持,而没有考虑到将其制度化。对于制度概念及其作用,他们都没有一个较明确的认识。

(三)非合作社村民难以进入合作社

由于合作社的成员多是一个组的村民,他们之间或是具有亲戚关系,或是互相之间比较信任的朋友关系,受地缘关系及亲缘关系的影响,无形中便为其他村民进入合作社形成了一定的壁垒。这样,一方面,由于缺乏资金的投入而使得合作社的规模化经营等受到影响;另一方面,其他村民又由于其所面对的进入壁垒而得不到进入合作社的机会,这无疑又削弱了合作社对当地经济发展的带动作用。这也是该地区合作社经营普遍存在的限制性因素之一。

(四)合作社不能发挥出其应有的作用

无论是吴家湾食用菌专业合作社还是马岩蔬菜专业合作社,在谋求自身发展的同时,都不能忽视作为农民与市场的连接及与政府部门之间沟通交流的纽带这一作用的发挥,他们的办社初衷也应包括减少农民被中间商所剥夺的部分以及能够有效地和村委会等政府部门进行交流,使农民能够及时地了解国家对于农业生产及农村专业合作社方面的政策并获得相应的资金帮助。但是,从目前的运行状况来看,马岩蔬菜专业合作社就等同于一个空壳社,并未发挥出任何的桥梁作用,也并未进行任何实质性的运作。他们让农民看到的,更多的是愿景,而非实际经济效益。

(五)政府引导力量不足

据吴家湾食用菌专业合作社的成员介绍,在合作社未正式登记成立之前,他们打算注册的是一个公司。后来,根据灯塔办事处的相关工作人员的建议,他们才注册成立了合作社。但是，合作社成立了以后，他们并没有得到对于合作社的发展具有较大作用的扶持项目；相反，在他们的努力之下使得合作社的规模不断扩大以后，村委会等相关单位反而把他们作为对外宣传的形象资本，这使得他们对于相关政府部门产生了一种反感情绪。对吴家湾食用菌专业合作社来说，积极性的缺乏，还表现在对生产废弃材料的后续利用不足，从而导致在现有生产规模之下，原本可以得到实现的经济利益无法兑现——培育菇种之后的菌筒，原本是生产木炭的上佳材料，却被搁置在菇棚旁边，任其腐烂。蔬菜专业合作社更是由于缺乏政府的资金、技术等的鼓励与支持，不能发挥出其预期效果，甚至使得合作社的运行出现亏本的状态。

同时，对于技术扶持方面，政府所做的努力也是远远不够的。据马岩蔬菜专业合作社的部分农民介绍，办事处、村委会或者是蔬菜办都曾经对他们进行过技术培训，但是，他们对于培训的内容始终持有怀疑态度。因为培训人员并没有实际的下到地里对他们进行手把手的教学，所以他们认为技术人员是在纸上谈兵。

四、对策与建议

（一）充分发挥政府的作用

政府在合作社的建立及发展过程中的作用是合作社拥有良好运营状况的外部力量保证。其作用主要体现在以下几方面：

加强宣传及教育方面的投资，使农民真正掌握合作社的概念并理解其整个的运营过程。尤其是对于制度概念的强化及合作社成立之后发展愿景的构建。政府应该及时地向农民传达国家及上级部门对于农民专业合作社的相关扶持政策，让农民了解到政府部门对农民专业合作组织发展的重视程度，从而增加他们扩大再生产的积极性。同时，应充分利用政府的相关信息平台，发挥好政府在与企业交流时相对于单个农民来说所具有的优势，积极地为农民专业合作社和企业的合作搭建平台，为合作社的发展引进更多的资金，以减少合作社在运营过程中可能会面对的资金不足及融资渠道有限等问题。

加强政策扶持力度并确保其执行强度。马岩蔬菜专业合作社的金队长介绍说，国家对于农民专业合作社有50 000元的贴息贷款，还款期限为两年。据此他们向有关部门提出了申请并递交了各种申请材料，但并未得到解决。这对于合作社的发展是极为不利的。因此，政府应及时地了解合作社的运行困难，并在职权范围内尽力采取措施帮助他们解决，认真履行好本职工作。同时，应依托农业推广和农业职业技术教育学校等形式帮助农民掌握较为先进的农业生产技术，包括构建融资渠道、定期提供技术培训、传授管理经验等，使得农民专业合作组织的成员素质得以提高的同时，对合作社的成员起到一定的激励作用，使他们的积极性得到充分发挥及相应资源得到充分利用，从而更加有效地推进合作社的发展和促使农民收入的提升。

相关主管部门多与合作社成员进行交流，使其感受到政府部门对他们的关注度。在分析合作社运营中面临的问题时，本书提到吴家湾食用菌专业合作社由于政府屡次把他们当作提升自己形象的工程而对政府产生抵触情绪，甚至因此而不愿扩大自身的生产规模，这对于合作社的发展是极其不利的。岩董村民小组的菜农也提到并不相信由政府部门组织的蔬菜种植方面的技能培训，因为据他们所说，相关培训人员并没有真的下到地里对他们进行手把手的教学。因此，他们觉得培训是在纸上谈兵，他们更加愿意相信祖辈世代传承下来的传统种植方法。据此，政府部门在将相关的扶持政策落到实处的同时，一定要注意与合作社的成员进行交流。

(二) 加强合作组织成员素质的培养和提升

合作社成员自身素质的高低，是决定合作社能否发展下去并长久盈利的主要内在因素。在新的时代背景及经济环境的共同影响下，人们的收入水平不断提升，对于农产品的消费结构也发生相应的改变。因此，合作社应定期为社内成员提供生产技术培训，使得他们能够及时掌握最新的生产技术，不断提高生产效率，并使他们在实际的生产活动中既要懂得吸取及传承传统种植经验中优秀的部分又要能够利用新的生产技能，借以提高产品质量及增加产品和服务的多样性。与此同时，管理技能的培训也是不可缺失的，如果没有较完善的制度措施及较科学的管理方法，合作社的相关事务处理处于一种被动状态，即有问题了再组织开会，导致合作社成员间难以形成强大的凝聚力，合作社已难以给成员归属感，对于长期盈利的实现是极为不利的。

(三) 消除针对非合作社成员的入社壁垒

由于受到地缘关系和亲缘关系的影响，吴家湾食用菌专业合作社和马岩蔬菜专业合作社的成员多是本村本组甚至是具有亲戚关系的村民，这对于合作社的发展来讲是极为不利的。从合作组织开始运营至今，他们都没有吸纳过其他村民入社，合作社的成员只有减少、没有增加。无形之中，便为其他村民进入合作社设置了壁垒。

然而合作社要想取得更好的发展，除了要遵循合作社成立原则里的退社自由外，入社自由也是不能忽视的。新成员的加入一方面使得增加非合作社成员的经济收入进而带动本村甚至更大范围的地区经济发展成为可能；另一方面也为合作社注入了新的活力，带来更多的资金投入，使得合作社的经营规模的扩大拥有更多的机会，从而才能保证合作社更好地发挥其应该发挥的作用。对此，政府部门、合作社内部成员及非合作社成员都要做出努力。其中,政府应充分发挥合作社成员和其他村民之间的桥梁作用,让他们彼此了解对方可以给自己带来的利益,从而自愿去除横亘在双方之间的障碍;合作社成员也应及时摆脱亲缘关系及地缘关系的束缚,在合作社经营规模允许的情况下,真诚地接纳有加入意愿的非合作社成员的加入;非合作社成员也应该让合作社成员明白自己想要加入合作社的良好初衷。最终,使得合作组织能够得到更好的发展,并产生更大的带动作用。

参考文献:

[1] 潘劲.中国农民专业合作社数据背后的解读 [J].中国农村观察,2011 (6).

[2]《农民专业合作社法》50问(三) [J].农村财务会计,2007 (5).

[3] 杨璧玮.合作经济的基本原理及发展 [J].广东合作经济,2010 (6).

[4] 史丽.地方政府推动农民专业合作组织发展初探 [J].民营科技,2009 (3).

[5] 蒋玉珉.合作社制度创新研究 [M].合肥:安徽人民出版社,2008.

[6] 白立忱.发展中的农村合作社 [M].北京:中国社会文献出版社,2006.

第八章　马岩村劳动力外流对本土经济的影响

一、农业剩余劳动力的概念及其产生的原因

（一）农业剩余劳动力的概念

劳动力是指人的劳动能力，人用来生产物质资料的体力和脑力的总和。它是一个国家或地区经济发展的不可缺失要素，它的数量、质量和结构会对经济增长产生不同程度的影响。一个国家或地区经济发展所处的阶段的不同，也必然会体现出该国或地区的劳动力的不同分布、配置和使用方式。因此，研究劳动力的转移对经济发展有指导性意义。

什么是剩余劳动力？首先做一个简单假设：若××年××地区具有劳动力的人口为30万人，从事第一产业（农业生产）的人口18.5万人；第二、三产业（非农产业）的人口为11.3万人；未就业的人口为0.2万人，自愿不就业的人口为0.01万人。那么，该地区剩余劳动力人口为0.2万人。

农业剩余劳动力是指在农业生产中，边际收益为零甚至为负的那部分劳动力。这部分劳动力的特点是：转移出后不会影响农业产品的总量。如在上述假设事例中的农业剩余劳动力并不仅仅指该地区具有劳动力的人口中除去从事第一产业的人口或者是未就业人口与从事第二产业与第三产业的人口之和。

(二)马岩村农业剩余劳动力产生的原因

近年来,为使马岩村经济社会发展走在灯塔办事处前列,建立了养殖、蔬菜、工业、乡村旅游四大发展板块,在"十二五"期间实现发展。统一规划,大力招商引资;党员带头走农业专业合作社模式发展道路,为农民创造一条致富之路;同时,鼓励农民工回乡创业,这直接推动了当地经济的发展。经济发展必然伴随着劳动力的转移,这些转移的劳动力追根究底是来源于农业剩余劳动力中。马岩村的农业剩余劳动力主要来源以下几个方面:

(1)马岩村作为国家级的九龙洞风景名胜沿线的生态建设域,铁路、公路沿线大力推进特色果林或自然景观建设,大量占用农业用地。

(2)地方政府的大力招商,占用农用地。如仍在建设中的"森林集团",以及砖厂、木料加工厂和木炭厂等,共占用的农用地约为400亩。

(3)科学技术的发明与创新,新生产科技或机械的应用对劳动力的节约。马岩村农业生产工具专业化程度明显,基本上已经摆脱了牛耕,特别是在经济作物种植领域,都普遍使用小型机械化的生产模式。

(4)人增地少导致的剩余。马岩村人口自然增长率为7‰,人口在不断地增加,农业用地在不断地减少。

(5)隐性农业剩余。

二、马岩村劳动力现状及分布

马岩村总劳动力2150人。其中,文盲半文盲人口210人,小学文化程度人口750人,初中文化程度人口1010人,高中及以上文化程度人口180人。输出劳动力人口1060人,男性724人,女性336人。

马岩村粮食种植面积为2550亩,经济作物种植面积为1620亩。农业专业合作社3个:香菇生产基地、生猪养殖和蔬菜种植等专业合作社。工业生产企业1个:阳光锰业(电解锰)。村内还有2个木料加工厂、1个木炭厂和1个砖厂。农业剩余劳动力的转移主要是对外转移或输出(主要流向浙江温州或类似的中间品、直接消费品生产地)和对内转移两大部分。其中,对内转移最明显的是向区内的工业领域转移——阳光锰业。阳光锰业占地面积8万多平方米,拥有每年1万吨的电解锰生产规模,公司年销售收入1.2亿元。

马岩村三次产业现状及所容纳劳动力的能力,分别见表8-1、表8-2、表8-3。

表8-1　　　　　　　　第一次产业

种植类型	种植面积（亩）	容纳劳力（人）	吸纳当地劳动力（人）
粮食种植	2550	510	510
经济作物	1620	260	260

表8-2　　　　　　　　第二次产业

企业工厂	占地面积（亩）	容纳劳力（人）	吸纳当地劳动力（人）
阳光锰业	124	300	50
砖厂	—	8	8
木料加工	—	20	16
竹签厂	—	6	4
木炭厂	—	6	4

表 8-3　　　　　　　　　第三次产业

服务类别	占地面积（亩）	容纳劳力（人）	吸纳当地劳动力（人）
餐饮服务	—	10	5
公共单位	—	5	5

在调查区域内的非农产业时，这些企业的主要负责人中，90%的负责人表态：我们会优先给当地的人安排工作，根据当地人的技术能力安排工作。在工厂现有的环境和工资条件下，如果有人愿意，我们也会安排他们到厂里来上班的。可实际情况是工厂企业里的工人80%以上的工人都是外地人。

三、农业剩余劳动力转移的经济效应

（一）对外转移的经济效益

外转移方式仍是一种以"民工潮"的形式存在的、自发的盲目流动。马岩村吴家湾组的吴再银同志说：他们是村民组里外出打工最早的几个，主要去的地点是浙江杭州、嘉兴和温州等，在外面感觉还不错，于是村里的其他人也跟着他们一起去。其转移的特点如下：

（1）高度倾斜性。主要向沿海一带转移，如嘉兴、温州、广州和深圳等。

（2）岗位狭窄性。农村进城劳动力在城市主要从事工作的类型是工矿临时工、合同工，建筑工程，城市环保，以及机械零件制造中最底层的工作等。

（3）转移的劳动力相对城市而言文化素质普遍较低。

（4）"空心村"。吴家湾大约有100户、共300人，其中就有近200人在外面打工。因此，对于偌大的吴家湾村民组来说就只有老少近100人留守。

农村劳动力大范围向外流动对农村的影响：一方面他们外出打工于给家庭带来一定的收入；另一方面大范围向外流动致使耕地收入缩减。

（二）农业剩余劳动力转移对农村经济发展的负面影响

1. 人力资源短缺

在农业生产上，由于劳动力大量外流，导致在一些生产环节上，特别明显的是除草和杀虫中农民过多地依赖于药剂。药剂的过多使用会使农产品的产量和质量受到损害；而且一种药剂长时间使用，会让一些害虫变异，对这种药剂产生抗体，药剂失效。由于人力要素的投入不足，致使生产成本明显上升。

2. 田地荒废

岩董村民组的吴老说：以前儿子儿媳在家时，家里种了五个大棚蔬菜，都是精耕细作，收入可观。现在儿子儿媳都外出打工了，就只留下了我们老两口在家里，大棚蔬菜也没种了。尽管平时也种一些蔬菜，可是我们都老了，做起来也不利索了。种下去，有多少算多少。劳动力的大范围向外流动致使农业生产受到严重的影响。

3. 发展不稳定

发展不稳定表现在后续发展力量的不足、甚至在大量流失。吴家湾的刘元喜说："以前自己没出去打工时，自家的田地不够种，夫妻两人另外承包了几亩地种植蔬菜，生活上还算不错，可就是很辛苦。于是就和邻里的其他朋友去温州瑞安市打工，一开始是在鞋厂里做生产工人，可是工资太低，就转做泥水工，一天就能挣到一百四五十元。现在自己在附近的灯塔工业园区里也做泥水工，一天也能挣一百三四十元，和在外面打工的收入差不多。因为在灯塔工业区里做泥水工，可以住在家里，早晚也可以在家里吃；如果到外面去打工，还有房租其他的生活开支。相比之下，还是愿意在家乡做工。"当问到他家现在种蔬菜没有时,他说:"种有蔬菜,不过就是妻子一个人做,平时自己也没怎么帮忙。"聊到家庭主要经济来源时,他说:"主要还是来于自己做泥水工的工资。"当问他觉得种菜和做泥水工哪个要辛苦时,他说:"说实话,做泥水工时,很多时候都要曝射在阳光下,也比较费力气点。但是做泥水工工作单一,不像种蔬菜'什么都得要做,而且是一天到晚,一年到头都需要守在田地里'。自己还是愿意做泥水工。"

图 8-1　老龄化现象

岩董村民组的吴大婶说:现在他们家种有五个大棚蔬菜,虽然家里还有着刚刚结婚不久的儿子儿媳,但是他们都不干农活,待在家里,还说种那么多干吗,够吃就行了!所有的农活都是老伴和自己干。她还补充说这些年轻人都不愿种菜,以后这些田土和大棚蔬菜真没人种了!

尽管文化素质低的劳动力在转移中大多只能从事一些手工、体力工作和简单的再生产操作,就业面被限制在极小的范围之内,转移难度较大、收入偏低,但他们的做法是"三农"的建设和实现劳动力转移的关键。

(三) 对外转移对经济发展的促进作用

1. 为区域经济发展提供动力

在外务工,被外面新奇的生产工具和科技吸引,牵引了发展家乡的欲望,发展的思想灌入了农村。在民众迫切发展的思想的压力下，相关的各级行政组织开始为乡村谋发展。

2. 为区域经济发展锻炼人才

部分农民工在外务工，有机会看到和接触到一些生产性的技术，这部分农民工的回流，有的在家乡带头搞农业生产改革，有的带着技术回乡创业，有的回乡宣传新的发展思想。在马岩村就有很多这样的技术人才和具备创业能力的人。如吴家湾的吴再银曾经在外接触到了香菇的培植，掌握了一定的技术后回乡与几个具有科学发展思维的人员一起搞香菇培植。

3. 为区域经济发展注了资金、繁荣了农村市场

马岩村对外转移劳动力1000多人，每年的总收入达到2000万元以上，除去他们生活费用基本600万元，直接回流的资金约1400万元。这些资金有些被用来存储，有些被用来投资创业或投入到农业生产以及修建房屋等。这都直接催生了经济的发展，也繁荣了农村市场。

4. 优化农业结构、加快农业产业化

2009年7月，马岩村按照铜仁市党委、政府关于调整农业种植结构的部署，开始引导村民种植大棚蔬菜，投资总额20.8万元，政府财政支助13.6万元，村民筹资7.2万元。现在的马岩村，不再是以前单纯的农业种植，而在不断地优化农业结构、加快农业产业化的步伐。

5. 有助于提高生产率

这包括两个层次的提高：一是农业人均收入的提高。由于转移出去了一部分劳动力，剩下的劳动力的生产率会有所提高。以前人们都拥挤在有限的土地上，现在转移出部分劳动力，活劳动成本降低，农业种植的收入也会相对提高。二是劳动力素质的提高。流转回来的劳动力大部分都是具备某一生产技能的，这些劳动力的加入使得劳动力素质水平大幅度提高，也提高人均产值。

（四）对内转移的经济效益

对内转移形式是粗放型与兼业型的。这是由"劳动力的离土不离乡"的特点所决定的。粗放型是指大都是向转移到传统的劳动密集型行业，劳动力素质差，生产线上处在技术粗放的工序上。兼业型既是指在经营农业的同时兼营非农产业，农忙务农，农闲务工或经商。

与阳光锰业的主管谈话时，他说："外来员工或当地员工其实都是一样的，待遇都一样，工种不一样工资也就不同，技术工的能力要强一些，自然工资也就高一些了，体力活和看机器这一类的员工工资肯定要少一些了，因为什么人都可以做的嘛。我们的生产分为这几个步骤：矿石粉碎（锰粉）、与硫酸混合反应、合成溶液、电解、锰片离体等。工资要看工类和熟练程度，比如硫酸和碳酸锰反应制成溶液，这就需要技术员，因为要控制两种原料的量度；另外就是像电解方面的，技术员要懂得很多，要测 PH 值等；其他的如剥锰这些就是体力劳动了，但是不管是哪一类也要看工人的熟练程度，工人做工的时间长短不同熟练情况也有差异的嘛。"

对内转移具有以下促进作用：

（1）为区域经济的发展的建设提供了人力和物力。乡村的发展离不开区域内人民的支持，马岩村统一的规划和建设中的工程，归根到底还要由各村民组去执行、去建设。

（2）农民收入增加、消费水平的提高直接活跃了区域内的经济市场。由于农村居民的收入大幅度增加，农民的消费不再局限于生活资料的消费，而囊括到了其他方面。农民需求量的增加、需求类型的扩大，直接活跃了区域内的经济市场。

（3）助推了非农产业向前发展。农民收入的提高，除去用于生活资料的开支，还有了自己的储蓄。有创业思想、能力的乡里人才直接就把这部分储蓄用来创业或搞农业规模化生产。

（4）对农业隐性剩余劳动力具有引导作用。第二、三产业的发展，为村民提供了岗位，部分季节性的隐性剩余农业劳动力会向这些岗位上流动，进一步促进农民增收。

隐性剩余劳动力在现实里是难以衡量或测定的。它具有较强的季节性特征，而且还依赖于区内第二、三产业的吸纳能力和现状来加以比较。这是一个动态的衡量过程，并且现在的马岩村第二、三产业的吸纳能力还比较弱。要想对农业隐性剩余劳动力加以利用，对于马岩村来说"必须发展第二、三产业，强化它的吸纳能力"。

自愿剩余现象，在"三欠"地区是较为普遍的。自身劳动力素质较低，不愿或者是不敢去承担转移中所带来的风险，如：被他人敲诈勒索；利益受他人剥夺、无能力维权；找不到工作，在他乡无依无靠等。这也是很多人不愿外出务工的原因。

四、有效引导与控制农业剩余劳动力转移，促进区域经济的发展

一个乡村的发展，起点是解决农民有事做的问题，使农民增收；终点是经济的发达、建设合理有效的就业机制。因此，引导与控制劳动力的转移，对乡村的建设和发展具有重要意义。在"三欠"地区的乡村，制约劳动力转移的因素有：受社会体制约束及其衍生的社会福利和保障的差异影响严重；乡镇企业发展缓慢、落后，对剩余劳动力的吸纳能力弱；农村劳动力素质偏低；劳动力供给市场机制也没有成形等。

马岩村是一个典型的人多地少的乡村，但是在农业生产上存在劳动力投入不足等问题的这一现象更是属于我国西部"三欠"地区的典型代表。这一现象产生的原因是动力的转移不合理。

（一）建立、完善人力资本投资和回流机制

人力资本投资机制：为区内农民工开展免费或低成本的职业技能培训活动，以提高农民工的劳动就业率和创业本领，使农民工有岗能上、上岗有技。为区域内做好细致的培训方案，向政府和企业争取培训的费用或低成本的培训等。推出"企业订单、政府和企业共同买单、农民来选单"的培训就业模式，并不断创新培训模式，注重培训实效，把培训场所建在企业生产车间和田间地头，进行看得见、摸得着、操作性强的现场实地培训。

回流机制：外出务工人员向流出地的智力回流是促进欠发达地区经济发展和结构转型的重要途径。因此，马岩村要摆脱贫困，实现经济发展，推进农业产业结构深化，必须把握好三个策略：一是鼓励剩余劳动力流出去；二是智力的引回来；三是流出策略与引回来策略的相互促进和协调。

马岩村要发展，就必须建立和完善人力资本投资和回流机制，它的发展才有后劲、有效。

（二）建立协调机制

通过协调机制来有效解决剩余劳动力供给与用人单位需求的信息不对称。马岩村的非农产业的劳动力容纳能力还是相对大的，待阳光锰业的扩建同森林集团修建完工后大约能容纳的劳动力将超过1000人。可是，就现在阳光锰业能提供的300个岗位上，当地的人员所占岗位才50人，为什么呢？不是企业不要当地人，而是当地人认为工资不高、工作环境也不好！

可以看到当地人的期望与企业提供的岗位存在着巨大差异。这个差异有当地人的原因，也有企业的因素。要协调好这两个方面的关系，使其接轨，促进剩余劳动力有效地对内、对外转移。

(三) 完善地方政府服务职能

目前，贫困地区的劳动力对外流动方式整体表现为自发外出或投亲靠友式的。自身利益能否得到保障成了农民外出后最为担心的问题，甚至有的农民宁愿待在家里种田也不愿出去冒风险。来自于贫困地区的农民工，自我保护和维权意识相对于城市普遍的都较弱。如农民工在外务工，有的经常被拖延工资，有的遭领班或上司殴打、敲诈等；基本上都没有合同，一旦发生纠纷维权难等。

地方政府部门要完善其服务职能，促进劳动有针对性、有效的转移。

(四) 推进农业深度开发与发展非农产业相结合

马岩村一直以来都是"蔬菜的家园"，他们有着世代传承下来的种植经验的优势，如果能对蔬菜再加工、包装，就能打造出属于自己的品质品牌，致力于走"农户—公司模式"的发展道路。

(五) 加快产业结构调整和升级

马岩村经济结构调整：第一阶段是建立以"经济作物生产"为主导的产业结构；第二阶段是建立以"锰工业"为主导的产业结构；第三阶段是打造以"乡村特色旅游"为主导的产业结构。

第一阶段已基本完成。2008年3月8日，铜仁市蔬菜协会成立大会在灯塔办事处马岩村村委会办公楼二楼会议室举行。这次会议的主题就是建立马岩村蔬菜种植示范基地，它表明马岩村农业开始走向产业化。2009年7月，按照铜仁市党委、政府关于调整农业种植结构的部署，开始引导村民种植大棚蔬菜。

现在马岩村处于由第二阶段以锰工业为主导向打造以"乡村特色旅游"为主导的第三阶段过渡。在这一时期里，必须建立一个合理、可行的产业结构，并制定具体的调整和升级方略。

（六）提高基础教育水平

马岩村必须重视教育。马岩村要向前发展，就必须突破"低下的文化素质水平"这一瓶颈，扭转这一现象，也是马岩村未来发展的重要战略之一。

五、小结

通过对铜仁市马岩村剩余劳动力细致的实地考察，分析了其农业剩余劳动力的来源，概括了其劳动力的分布现状，研究了其转移特点及其对外转移对马岩村经济发展负面影响和促进作用等；同时，也阐明了马岩村隐性剩余劳动力的根源是第二、三产业的吸纳能力还比较弱，而自愿剩余现象它不仅仅是马岩村特有的现象，它更是在"三欠"地区较为普遍的现象，是一种社会问题等。最后，根据马岩村的发展阶段特点和存在的问题，如马岩村是一个典型的人多地少的乡村，但是在农业生产上存在劳动力投入不足等问题的这一现象更是属于我国西部"三欠"地区的典型代表。产生这一现象的原因是劳动力的转移不合理。现提出有效引导与控制农业剩余劳动力转移，促进马岩村经济的发展方案：

（1）制定合理的转移战略或者说是发展战略定位。马岩村是一个自然风光优美、地处九龙风景名胜沿线的乡村，有着较为成形的农业生产模式，有着独特的手工造纸工艺。马岩的主导产业定位应为"乡村旅游，最后致力打造观光农业、体验式的手工造纸和农家乐的经济发展模式"。只有定位为这样的发展模式，以乡村旅游为主导，大力吸引有经验、有资本的企业入驻，发展"农业—公司型的模式"，鼓励村民先走出去，然后再引导他们回乡创业、投资。政府或社会组织为村民提供免费或低成本的培训，增强他们的市场竞争力，最后引导和协调这些劳动力向辖区内的工业或附近的灯塔工业园区内的工业生产企业转移。

（2）具体的措施有：一是建立、完善人力资本投资和回流机制。马岩村要发展，就必须建立和完善人力资本投资和回流机制，它的发展才有后劲、有效。二是建立协调机制。通过协调机制来有效解决剩余劳动力供给与用人单位需求的信息不对称。三是完善地方政府服务职能。在转移农村剩余劳动力上，地方政府部门要完善其服务职能，促进有针对性的转移。四是推进农业深度开发与发展非农产业相结合，促进劳动力的就地转移和提高区域的竞争实力。五是加快产业结构调整和升级。马岩村产业结构定位上要深入解析出自己的优势，结合自身优势来定位，绝不能再允许有结构定位扭曲现象。六是提高基础教育水平。低下的文化素质水平的劳动力被困在环境恶劣或体力透支较大的岗位上，如化学污染和物理污染严重的工厂里，以及矿井一线工人等。马岩村要向前发展，就必须突破低下的文化素质水平这一瓶颈。

总之，马岩村的发展前景还是相当好的，要注意的是在追求经济的快速发展上不能只抓量而无视质的同步发展，对于发展的大方向上，战略定位一定要合理。在此前提下，地方政府和社会组织要注重劳动力后续力量的培养以及对劳动力的转移做好有效地引导与控制，以保证马岩村经济的又好又快的持续发展。

参考文献：

[1] 王洋. 新时代对《资本论》劳动价值理论的探究——"活劳动是价值的唯一源泉"问题分析 [J]. 湖南农机学术，2011（1）.

[2] 叶菁. 浅谈农村劳动力转移问题对策 [J]. 知识经济，2011（15）.

[3] 郗杰英. 新跨越——当代农村青年报告（1999—2000）[M]. 杭州：浙江人民出版社，2000.

[4] 张德元. 试析我国农村剩余劳动力的转移[J]. 安徽农业大学学报：社会科学版，2001（1）.

[5] 赵新刚. 山西省农民收入问题研究[D]. 太原：山西财经大学，2006.

[6] 黄斌，周宇飞. 农业剩余劳动力转移对农村经济发展的作用探讨[J]. 现代商贸工业，2008（12）.

[7] 江曼琦. 人口迁移与城镇体系规模结构[J]. 南开学报：哲学社会科学版，2004（6）.

[8] 彭文慧. 外出务工、智力回流与欠发达区域经济发展研究[J]. 河南大学学报：社会科学版，2007（3）.

[9] 李光亚. 河南省农村剩余劳动力流动中存在的问题与对策探讨[J]. 改革与理论，2003（11）.

第九章　马岩村新型农村合作医疗制度

新型农村合作医疗制度（以下简称新农合）2003年在全国部分地区试点，2005年开始初步在全国范围内建立起比较完善的新型农村合作医疗制度。新型农村合作医疗制度的运行在缓解"看病难，看病贵"等方面起到了积极作用，这项伟大的惠民工程自实施以来仍在不断地探索和深化，在取得成绩的同时也存在着问题。灯塔办事处马岩村自2006年开始推行新型农村合作医疗制度，到2012年，马岩村新型农村合作医疗的参合率已达93%。新农合这一伟大的惠民工程给马岩村村民带来了诸多好处。通过访谈，深入了解马岩村新农合的运行现状，找出新农合在马岩村运行中存在的问题，并就如何进一步完善马岩村新农合提出相应的对策建议。

一、新农合在马岩村取得的成果

（一）新农合的报销内容

马岩村自2006年开始推行新农合以来，马岩村的村民就医都能得到一定比例的报销。新农合的报销分两大类：一类是门诊报销，另一类是住院报销。门诊的报销情况如下：乡级报50%，县级报40%，地级报30%，没有最低限制。但门诊累计补偿封顶线原则上不超过200元/人/年，即一年中门诊就只能有 200 元可以报销，超过的均由患者自己完全负担。表 9-1 是门诊的报销比例简表。

表 9-1　　　　　　　　新农合保险比例表　　　　　单位：%

报销地点 \ 报销比率	补贴	个人负担
乡级	50	50
县级	40	60
地级	30	70

注：门诊报销补偿年封顶线为 200 元，慢性病、特殊病种门诊费按 50% 的比例报销，慢性病门诊费用报销每人每年封顶线由既往的 1500 元调整为 3000 元、特殊病种为 20 000 元。

相对于门诊，住院的报销比率较高。住院的报销情况如下：乡级医院报销 75%，县级医院报销 60%，地级医院报销 50%，民营医院报销 50%，市境外医院可报销 30%，住院补偿封顶线原则上不超过 8 万元/人/年。住院的报销方式与门诊有所不同，门诊都是现报形式，而住院除了乡级、县级、民营可以在其合管办公室直接报销外，地级住院和市境外住院的都要带上相关手续到办事处的合管站才能报销。表 9-2 是住院的报销比例简表。

表 9-2　　　　　　　　住院报销情况表　　　　　单位：元

报销地点 \ 报销比率	补贴	个人负担
乡级医院	75	25
县级医院	60	40
地级医院	50	50
民营医院	50	50

表9-2(续)

报销地点\报销比率	补贴	个人负担
市镜外医院	40	60

注：①在定点医疗机构住院平产分娩每例补偿400元；剖宫产每例补偿1200元；②单病种施行定额补偿；③施行保底补偿：对于医疗费用实际报销比例不足25%的，按25%的比例给予报销；④对于参加新农合的女结扎户、独生子女户住院补偿在同级医疗机构报销比例基础上提高10个百分点；⑤年住院报销封顶线为8万元，重大残疾大额医疗费用报销封顶线为25万元。

此外，孕妇肚子的小孩和新生婴儿也可以参保，这样一来大大提高了婴儿成活率，也减轻了农民群众的不少负担。

(二) 新农合在马岩村运行取得的成果

新农合自2006年在马岩村运行以来，村民的参合意愿逐年增强。新农合给村民带去了一定的实惠，取得的成绩是值得肯定的，效果也是比较满意的。

1. 农民参合率得到提高

新农合报销范围的扩大以及报销比例的上升让村民在就医方面得到了更多的实惠，而此时的"挤入效应"就得到体现，生病的村民就医得到实惠，从而其他村民也就产生了要参加新农合的意愿。这也就是自2006年新农合在马岩村运行以来，参合率一年高过一年的原因之一。从这里不难看出，新农合让农民得到了实惠，农民也看好新农合的未来发展。同时，随着经济的发展，村民的健康意识和自我保护意识也随之增强。

2. 缓解了"小病拖，大病扛"的现象

从与交谈的村民口中得知，以前村民的收入较低，家庭的经济状况较差，生病时，如果是一般的感冒就不会去理会；如果患了比较严重的病也不去医院治疗，要么就去买一般的西药，要么就去买中药喝，好了也就算自己命硬，如果不好就一直拖着。现在随着村民们经济水平的提高,生活水平也得到相应的提高,健康意识和自我保健意识的明显增强,以及新农合这一惠民政策的出台,这些都在一定程度上减轻了有病不去就医的现象,同时参加新农合的农民也随之增多,以前村中普遍存在"小病拖,大病扛"的现象也在一定程度上得到缓解。

3. 缓解了农民因病产生的经济负担

如今新农合的报销以"大病为主,门诊统筹"来减轻农民因病产生的经济负担,村民有病随时就医,各种重大疾病也得到了及时救治,让农民吃了一颗定心丸,更使马岩村的广大农民享受到我国农村社会保障发展带来的实惠。家住在岩董村民组的一户唐姓人家,两个儿子均已成家并且在外就业,留下一对70多岁的老人在家务农,自食其力。男老人74岁,左脚行动不便,女老人72岁,右面身子半瘫痪,行动困难,且身患风湿,每天靠吃药维持健康。因儿子在外,老人在家不得不自己下地,为自己的生存劳作,主要靠种菜维持生计。2010年上半年女老人住院花费了一万多元,但因参加了新农合,报销了6000多元,对于现在每个月几百元药费,另一部分来自种菜的收入,一部分靠两个儿子供给。由于参加了新农合,老人的药费能够得到一定比例的报销,这在一定程度上减轻了老人的经济负担,强化了农村老年人的养老质量。在调查期间,一位刚住院回家的老人告诉我,他患有严重的结核病,在医院住院一周,由于参加了新农合,只花了几百元钱。老人激动地说:国家的政策好啊,看病能报销,人老了还有社保拿。新农合的实施,使得许多农民能够病有所医,缓解了因病致贫、因病返贫的问题。根据马岩村的黄书记介绍,近年来,像两位老人这样享受新农合补偿金额的农民还有很多,最高的补偿金额有的达数万元,有效地减轻了参加新农合农民因患病带来的经济负担。

4. 村卫生室给村民带来益处

新农合实行以后，相应的医疗机构也随之到位。马岩村比较特殊，一个村有三个卫生室：第一个村卫生室是灯塔卫生院的分院；第二个村卫生室在吴家湾，是在2009年建成并开始运行的，该卫生室由国家出钱修建，政府出钱购买部分医疗器械，医生自己出资购买药物；第三个村卫生室在落鹅，现在是空置的。村卫生室的出现为村民提供了诸多的好处，使村民的健康在一定程度上得到保障，农民就医变得十分便利，报销也十分便利，拿药、看病当场报销，药费明码标价，就诊费也十分便宜。而村卫生室的医务人员在就诊室里张贴常见慢性病、流行病、儿童预防病的知识宣传使得村民的健康意识得到一定的提高。农民通过对基本卫生知识的了解，对自己的日常生活进行必要的规范，从而使农民的生病率得到降低，农村的村容村貌向着良好的趋势发展。这些对社会主义新农村的建设和社会主义和谐社会的构建起到了巨大的推动作用。

二、新农合在马岩村运行中存在的问题

（一）新农合的知晓程度低，宣传工作不到位

目前，新农合的政策主要是通过村委会干部和灯塔办事处合管站贯彻的，宣传方式单一。他们大多数对于新农合的具体报销内容、补偿方式则由于专业水平所限，不能为农民提供清晰的讲解，导致参合农民对新农合政策的知晓程度过低，从而也就使得村民患得患失，不愿参加新农合。特别是随着经济的发展，很多年轻的有知识的农民大部分都外出务工或经商，留在村里的基本是文化水平较低的老年人和妇女，对于新农合的知晓程度也就较低。

（二）大病为主，门诊统筹不能从根本上解决农民医疗问题

在农村，对农民更为普遍的威胁是常见病、多发病和地方

图 9-1 马岩村卫生室药房

病,而以大病为主,门诊统筹疏于了对小病的合作医疗,不能从根本上改善农民的医疗保障情况,这也是农民希望得到迫切解决的问题。

(三)筹资水平有限,难以为农民提供更有效的医疗保障

新农合的筹资方式主要是通过个人、集体和地方政府共同筹资。随着经济的发展,物价水平也随着上涨,新农合所收取的基本保险费用也随之增加。从近几年来看,参保费用是一年高过一年,而且农民的报销比例也受到限制,现在的门诊报销最高不能超过 200 元,从而影响到农民参加新农合的积极性。而门槛费等导致新农合的报销比例也打了折扣,同时增加了新农合运行的成本,使得新农合的运行受到限制。

(四)村卫生室的软、硬件设施较差

村卫生室是农民就医的最基本场所。通过调查了解到马岩村的村卫生室软、硬件条件均较差:吴家湾的村卫生室的房屋总面积有 100 平方米,总共有四间,一间注射室、一间诊断室、

一间输液室、一间休息室。卫生室的房子是由国家出资修建的，然后由医生自己投资，属于私人医疗机构。马岩村街上的卫生室的情况如下：有两间输液室，一间拿药室，一间休息室，有专门的儿童预防接种室，对于来看病的村民有95%都进行了合作医疗上的报销，一般来看的是小感冒，大病都到城里治疗。缺乏基本的检查身体的医疗器械，也缺乏外出诊断和急救的交通工具，同时现在也缺乏承担风险的责任，不出诊治疗，也就不利于为患者提供高效服务。随着新农合工作的推进和网络信息的发展，村卫生室的信息网络管理系统建设出现明显的滞后，没有给村卫室配备计算机设备，报账人员到现在仍然是用手工记录，用一般的计算器或是算盘进行计算，不能满足农村群众基本医疗服务的需求。

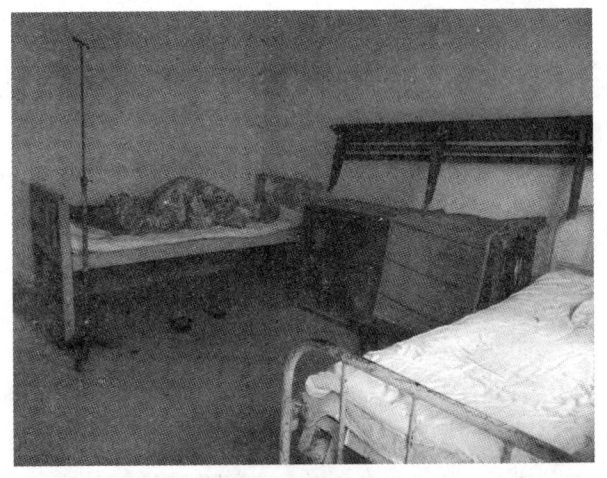

图9-2 马岩村卫生室简陋的医疗设施

（五）对村卫生室、医疗费用的监管工作不到位

村卫生室管理体制、运行机制不完善，管理能力偏低，计算机网络应用水平低下；同时，报销补偿的比例虽然比较合理，

但是随着物价的上涨，药物价格的普遍偏高，新农合的优越性也就大打折扣了。刚开始的时候，农民在那里看病也能报销，从2013年起在村卫生室看病就不能报销了。村卫生室的黄医生说：他们现在自己已经垫付了两万多元的医药费，他们已经没有能力继续垫付下去。原因在于：他们把报销单拿到上级去报销，上级不给他们报销。上级认为他们报销的太多，不相信村民看病用了那么多药，并且说他们的管理能力差、医术水平低。村民们都认为新农合很好，但是不能报销是他们现在遇到的最大的难题。因而，对于村卫生室、医疗费用监管的问题值得重视。

（六）农村卫生技术人才匮乏，服务水平和质量水平低下

通过与村卫生室的医护人员交谈，我了解到现在这里有四个医护人员（两个医师、两个护士），有中专学历，也有大专学历。平时是两个人轮班（医院提供住宿），五天一轮，赶集的时候四个人都在。乡村医务人员业务素质不高，待遇偏低，工资一般就1000多元，合作医疗的报销工作繁杂，工作量大，缺乏相应保障，造成他们的积极性和服务态度大打折扣；就医的村民不能得到较好的医治，使得村卫生室的工作趋于形式化。虽然这些医护人员每年都要去市区药监局学习一周，一般学习药物管理（什么药能卖，什么药不能卖等），但是没有涉及医术的培训。在调查的过程中一位六十多岁的老人向我们反映：村卫生室医务人员的服务不到位，业务水平偏低，从电视上看到的有关新农合的惠民内容与实际不相符，并且有时开的药不管用，药费较高。村卫生室存在的问题亟待解决。

三、进一步完善马岩村新农合的建议

通过对马岩村新农合的运行状况以及存在的问题进行详细分析，针对存在的问题提出以下建议：

(一) 加大宣传力度，提高新农合的知晓率

村委会干部和医务人员首先要提高自身对新农合的知晓度，比如报销的范围、报销的比例等，通过自己对新农合的了解，提高村民对新农合的认知度，以此来提高他们参加新农合的积极性。其次采取多种方式，如通过广播、村政务公开栏、公示栏等对新农合的相关政策和要点进行宣传，让村民更详细地了解新农合。最后切实落实"六进村"政策（惠农政策宣讲进村、文艺电影服务进村、科学技术服务进村、法律法规服务进村、计生卫生服务进村、先进典型创建进村），可以组织一些专业人员对农民进行新农合系列知识讲座和宣传活动，也可以合理分配工作，让村卫生室的医护人员参与进去，走进农村，发动一切可以发动的力量，用通俗易懂的方式向农民进行及时的、有效的、广泛的宣传新农合的有关信息。尽量让每一位农民了解新农合，满意新农合，让更多的农民感受到党和政府的关怀与温暖。

(二) 制订科学的补偿方案，提高参加新农合农民的满意度

科学的补偿方案的制订需要考虑到参加新农合农民对医疗需求的增长和医药费用上涨等因素，保持报销比例与药价同步增长的状态，保持政策实施的长期性、连续性和稳定性。要在合作医疗的资金承受能力的范围内，适当提升报销比例，提高受益面和受益水平，不能盲目担心合作医疗的资金透支而人为地缩小受益面。在保证合作医疗的资金适度节余的基础上，适当提高参加新农合农民的受益程度。同时完善合作医疗的资金分配设置，根据农民筹资和各级财政补助资金的总额，留足保底合作医疗的资金，作为补偿基金；按"以收定支、收支平衡、略有结余"的原则，适当提高起付线、封顶线，扩大补偿范围。对易发普通的单病种实行定额付费管理制，对部分重大、疑难单病种实行限额管理制。对年内未受益的农民进行免费健康体

检，体检的项目包括测血压、脉搏、听诊心肺、触切肝脾、侧尿糖、查心电图、拍摄B超，并建立健康档案，对检查中发现的疾病及时告知病人。对于村卫生室的繁杂报销工作应简单化，加大对村卫生室报销工作的投入力度，从而解决报销工作受挫以及报销不畅的问题。

（三）加强村卫生室软、硬件设施的建设和完善，提高村卫生室的管理水平和医务人员业务水平

国家对村卫生室建设的基本要求：①房屋要求：每个卫生室占地面积原则上不小于200平方米，建筑面积在60平方米以上。诊断室、治疗室、药房、观察室、值班室五室分设，并与生活区分开独立设置。四室内墙光洁，地面硬化并防潮、卫生。②设备要求：诊断室：诊断床1张，诊断桌椅2套，资料柜1个，有体温计、听诊器、压舌板、手电筒、出诊箱、身高体重计、紫外线消毒灯（或车）、有盖污物桶等器械、器物，数量满足需要，有健康教育宣传挂图若干。治疗室（处置室）：治疗台、物品柜（药品）各1个，有消毒盛器、有盖方盘、氧气袋、一次性注射器、输液器、治疗盘、紫外线灯、地站灯、有盖污物桶等，另有一套一般性外科处置器械。观察室（健康教育室）：观察床2~4张，配备基本床单元设施（床头柜、陪护椅、输液架），被服按观察床数量1∶2配套，有基本健康教育设备（电视、VCD）1套。药房：中、西药品柜（厨）至少各1个。值班室。有与开展诊疗科目相应的其他设备。配有高压消毒容器、电话，有条件的可安装空调及取暖设施。③人员要求：至少有1名以上乡村医生。④药品要求：严格执行《铜仁市乡村医生基本用药目录》。该目录内药品西药160种以上，中药或中成药60种以上。⑤卫生环境要求：环境美化，种树栽花，地面平整无垃圾杂草、墙壁清洁无乱贴乱画、门窗洁净无蜘蛛浮尘、家具整齐无灰尘、器械干净整洁，物品摆放有序。⑥制定有各

种规章制度、人员岗位责任制及有国家制定认可的医疗护理技术规程。严格按照国家对村卫生室建设的基本要求，采取乡村举办、财政扶持、多方筹资的方式，加强村卫生室规范化建设。地方财政切实加大对村卫生室的投入，不断改善医疗条件和硬件设施，改善村卫生室的病房设施，配备检查身体的基本医疗器械，加强医护人员在用药、医术等方面进行学习培训，加强药品种类的多样化，改善村卫生室医务人员的待遇，满足他们一定的需求，进一步提高卫生所的医疗水平、医护质量和管理水平，让参加新农合的农民能够就近享受到安全、便捷、优质、廉价的医疗服务。

（四）加强医疗机构监管，控制医疗费用增长

当前，农村医疗服务基本上已经私营化，私营诊所追求利润是不可避免的。为了保证参加新农合的农民通过简便的程序享受到质量优良、价格合理、方便实惠的医疗服务就需要做到以下几点：①加强医疗机构监管，对医疗机构的基本情况、基本制度进行明确规范。对于医疗服务行为方面，需要医务人员尽职尽责，干实事，让村民得到真正的实惠，在实际可行的方式下尽量控制医疗费用的增长。②加强药价监管，在村卫生室内张贴购进药物的价格，建立健全举报投诉制度。③在县、乡、村设立新农合举报箱，方便农民以各种方式举报新农合工作中的各种违规行为。让人民群众积极参与到新农合的监管工作中，积极维护自身权益，让农民得到真正的实惠。

新型农村合作医疗制度 2003 年经过全国部分地区试点，2005 年开始初步在全国范围内建立比较完善的新型农村合作医疗制度。实践初步检验和证明了它是符合广大农民群众切身利益的，有利于农村社会保障制度的进一步完善，有利于我国城市与农村的协调发展和不断缩小城乡差距。它在施行的开始阶段并不是顺利的，总是会存在着很多现实性的问题，这就需要

在推广的过程中不断地积累经验，探索出符合各地实际情况的可行性路子。

参考文献：

［1］颜媛媛.新型农村合作医疗运行及绩效研究［D］.北京：中国农业大学，2006.

［2］石文伟.商业保险公司参与新型农村合作医疗的模式研究［D］.南宁：广西大学，2007.

［3］易红梅.新型农村合作医疗：农民认知与受益调查［J］.人口学刊，2011.

［4］邓大松.新型农村合作医疗制度：困惑与出路［J］.上海行政学院学报，2007.

［5］林淑周.沿海地区农民对新型农村合作医疗的认知与参与现状的定性调查［J］.湖南科技学院学报，2009（6）.

［6］刘雅静.农民主体作用的发挥与新型农村合作医疗制度的可持续发展［J］.江西农业大学学报：社会科学版，2011（2）.

［7］李勇.新型农村合作医疗制度的立法探析［J］.南京医科大学学报，2009（1）.

第十章　马岩村环境卫生及整治

农村环境卫生整治是重要的民生问题,事关农村的健康、和谐与可持续发展,对于改善农民居住环境,提高生活质量和提升健康水平有着十分重要的战略意义。通过对铜仁市马岩村的个案研究,认为马岩村的垃圾处理应主要采取"组保洁—村收集—办事处中转—市处置"的模式,而污水则采取"化粪池和沼气池联动"的排污处理方式。但是,农村的垃圾处理及排污系统建设应因地制宜,根据区域现实条件构建有区域特色的处理模式。

改革开放以来,我国农村经济社会得到快速发展,农民收入水平不断提高,生活质量也在不断改善,人们的消费观念与消费选择更加潮流与多样化,工业产品正逐渐进入寻常百姓家,生活垃圾成分和含量也在倾向城市化。然而,随之而来的生活垃圾随意堆放、污水任意排放等现象也逐渐凸显并呈恶化趋势。相对于城镇,农村人居环境更为复杂,居民居住点长期处于高度分散和混乱状态,用于垃圾处理及污水排放的基础设施建设滞后甚至严重缺乏。伴随农村经济社会发展而来的环境卫生问题严重影响了农民的生活健康水平,对农村生态环境有着极大的破坏力,在很大程度上制约了农村经济社会的快速健康发展,同时也对实现农村经济社会的可持续发展造成巨大的潜在危机。

近年来，马岩村的经济得到了较好发展，村民生活水平逐年提高，消费方式更加趋于多样化和大众化。但是，伴随而来的环境问题也日益凸显，垃圾任意丢弃堆积，生活污水随意排放，这与马岩村优美的山水环境极不相配，不符合马岩村发展乡村旅游的战略要求，同时也有悖科学发展观。通过对铜仁市乡村旅游规划点——马岩村的实地调查，探讨马岩村垃圾处理及排污系统的构建，不仅对打造高质量宜居乡村、营造和谐的人居环境具有现实意义，也可为地方政府做出决策提供参考，同时还能在整个武陵山区乃至全省、全国广大农村地区起到很好的示范带动效应。

一、构建农村垃圾处理及排污系统的必要性和意义

建设部部长汪光焘在全国村庄整治工作会议上指出：村庄整治是社会主义新农村建设的重要内容，搞好农村人居环境和景观建设，改善农民居住条件，配套必要的设施，搞好环境卫生，改善村容村貌，可以有效地改善农民生活环境，促进农村稳定和城乡经济社会协调发展[1]。农村环境整治提上政府议程，这不仅是党中央贯彻落实科学发展观的体现，也是一项惠及"三农"、实现农村可持续发展的德政工程。相关资料显示，2011年，贵州农民人均纯收入4200元，实际增长15%，是26年来增幅最快的一年，增长速度首次超过城镇居民收入增幅。随着农民收入的增加，人们用于消费的支出也在不断增长，农民的消费选择和消费方式更加多元化，伴随而来的是农村生产生活垃圾及污水排放问题的日趋复杂与恶化。对于当前农村日益恶化的环境卫生问题，如何不重蹈城市环境问题的后尘，防

---

[1] 隆少秋. 中国农村系统发展研究 [M]. 广州：华南理工大学出版社，2008：315.

患于未然,及时构建农村垃圾处理及排污系统,对于推动和实现农村经济、社会生活的可持续发展,具有较为紧迫的现实意义。

(一)构建农村垃圾处理及排污系统的必要性

胡锦涛同志曾经指出:大量事实表明,人与自然的关系不和谐,往往会影响人与人的关系、人与社会的关系。同时,他强调,推进生态文明建设,是涉及生产方式和生活方式根本性变革的战略任务,必须把生态文明建设的理念、原则、目标等深刻融入和全面贯穿到我国经济、政治、文化、社会建设的各方面和全过程,坚持节约资源和保护环境的基本国策,着力推进绿色发展、循环发展、低碳发展,为人民创造良好生产生活环境。由于社会经济的发展,农村生产生活条件得到较大改善,加之农民住房越来越向公路或河道聚集,使得农村原本自行分散处理的生活垃圾及污水也趋于集中化、复杂化。在当前农村缺乏垃圾处理及排污系统等环卫措施的情况下,农村的生活垃圾及污水排放等问题正在威胁着人们的生活环境与健康水平,考验着地方政府部门的应变能力。有资料显示,中国有8亿农民,每年产生约1.8亿吨的农村生活垃圾,每个农民每年平均产生生活垃圾约220千克,人均生活垃圾日产生量达到0.43~2千克。同时,由于工业品在农村消费结构中的比重不断上升,农村的垃圾成分也更加复杂,生活污水的含污程度更加多样。农村的生产生活垃圾及污水如果得不到科学、有效地处理,将严重影响人们的生产生活,威胁着人们的身体健康状况;同时也制约着社会主义新农村建设的步伐,不利于农村经济社会的可持续发展。在科学发展观的大背景及社会主义新农村建设持续推进的前提下,人们对生态、健康等的要求越来越高和迫切。因此,因地制宜构建农村垃圾处理及排污系统成为社会经济发展的必然和现实所需。

(二) 构建农村垃圾处理及排污系统的意义

长期以来，农村聚居点的环境卫生问题一直是环境监管和污染治理体系的死角，只有当农村地区发生或受到较严重的病疫灾害威胁时，农村的环境卫生问题才会得到政府部门的关注。除此以外，农村社区的环境卫生系统基本上处于"自治"状态，而近年来持续凸显的农村环境卫生问题正在威胁着人们的身体健康和农村生产生活的发展。当前，农村出现的一个矛盾是垃圾处理及排污系统等与人居环境密切相关的公共服务设施体系缺乏和农村环境卫生问题日益恶劣之间的不平衡矛盾。无论是在城市还是乡村，生活的环境对于每一个人来说都是很重要的，加强农村环境卫生问题的整治，是社会主义新农村建设的基本要求和实现可持续发展的必由之路。构建农村垃圾处理及排污系统，有利于优化生活、生态环境，提高人们的生活质量和健康水平，提升农村人居环境和农村社会文明，使广大农村焕发出发展活力，为村民创造一个舒适、宜人、方便、卫生、优美、有特色的居住环境和持续、稳定的生态环境系统，最终实现人与人、人与自然的和谐和农村经济社会可持续发展。

二、马岩村垃圾处理及排污系统建设的现状

马岩村受历史、环境条件的制约，村民居住点相对分散，面积小，自然村落多采用自由式布局，房屋依地势而建，多占据公路与河道两旁。随着当地经济的发展和人们生活水平的提高，以及与外界交流的日趋频繁，主、客观方面的因素使得马岩村的环境卫生问题日益暴露出来，对当地的经济发展埋下潜在的威胁。

(一) 垃圾处理设施及排污管道建设严重缺乏

马岩村全村辖12个村民组，居住分散，呈带状分布，有三个村民组近四百户人家居住在不通公路的锦江右岸。当前，马岩村除马岩组、吴家湾、半坡田三个村民组各有两个垃圾池外，其他组均没有固定的垃圾回收池。而在中木林、下木林、斤斗量和马岩街上，用于垃圾回收的是数量不定的塑料桶，这些垃圾桶摆放在公路边，而其他村民组则没有固定的垃圾回收池或移动垃圾桶。过去几年岩董村民组也有一个垃圾池在今渡口边，但由于常年没有清理垃圾池内的垃圾，现在已经废弃。垃圾池已是如此缺乏，排污设施更是完全没有。目前，人们的生活污水均排入沟渠河道，而人畜粪便更多是排入农村传统的干厕里。这些紧挨住宅区的干厕蓄粪池，因没有采取现代生物技术进行处理，其产生的病虫细菌也是不可想象的，虽然人畜粪便得到初步处理，但因其不科学而严重影响着人们的生活水平。

图10-1 公路边的垃圾池

（二）现有垃圾池没有发挥应有的作用

现存的六个垃圾池有五个属于"第二代"，以前的和现在的均为水泥砖堆砌而成，以前的呈长方形状，现在的则赋予了美学的元素，是一个仿制的"木桩"。不管是以前的还是在原来位置上重新修建的垃圾池,都没有发挥其应有的作用。首先,垃圾池布局的地方离居民居住地偏远,由于人们意识方面的原因,都懒得将日常生活垃圾倒进垃圾池。其次,垃圾池容量有限。第一代垃圾池可以装固体垃圾约 7 立方米,"新一代"垃圾池可容纳固体垃圾 1.06 立方米。当然这不是一个严格的标准,但相对于农村庞大的生活垃圾量,这个容量的垃圾池是远远不够的。最后,焚烧在垃圾池里的固体废渣没有得到及时清理,影响了垃圾池作用的发挥。除此固定的垃圾池外,那些布局在公路边的垃圾桶也没有发挥作用,更多的是垃圾桶成为私有放在个别农户家门前,乱扔垃圾的现象严重。

(三)生活垃圾及污水随意排放现象严重

马岩村的自然植被覆盖率高,可谓是青山绿水之地,属于九龙洞风景区的红线范围内。青山绿水给进入这个地方的人第一视觉效果,但是当走在各村寨的时候就会发现公路两侧、田间地头、沟渠河道、联户小路等场所都有塑料制品、纸屑及牲畜粪便等有碍环境卫生的生产生活垃圾,农户房前屋后堆满杂物,建筑废弃物不加处理就地填埋。此外,马岩村建有多家金属加工厂及保存有传统的手工造纸厂,工厂的污水处理不彻底,造纸厂的石灰水不加处理直接排入河中。不管是工厂排出的污水还是造纸厂直接倒出的石灰水,都对河水产生了很大的影响。

三、构建马岩村垃圾处理及排污系统的制约因素

中共中央在 2005 年 12 月 31 日发布的一号文件中明确提出了建设社会主义新农村的重大历史任务,要求紧紧围绕并按照"生产发展、生活富裕、乡风文明、村容整洁、管理民主"的 20 字方针,积极改变农村生产生活条件,进一步加快社会主义新农村建设。建立并完善农村垃圾处理及排污系统可谓是重要的民生问题,事关农业的可持续发展、农民的身体健康、农村

的和谐稳定。马岩村的环境卫生整治是社会主义新农村建设的重要内容，也是马岩村发展乡村旅游的必然要求，对于改善人们的居住环境，提高人民生活质量，提升健康水平有着十分重要的意义。然而事实上是由于自然环境、经济条件、思想认识、方法措施等方面的因素，马岩村的卫生环境问题没有得到较好解决，环境问题正在成为制约马岩村"三农"发展的一大潜在障碍。

（一）内部因素

一是马岩村属于典型的西部少数民族聚居区，尽管在铜仁来说其经济发展势头相对较好，经济水平较高。但是，正因为人们忙于温饱问题而只单纯追求经济发展，忽略了与人们生活息息相关的卫生治理问题，导致马岩村环境卫生状况不容乐观。村干部为了抓经济，抓业绩，一个劲想着做大做强大棚蔬菜产业，积极引进外来企业等与经济发展有关的工厂，却没有考虑发展每一种产业会带来的负面影响，没有真正认识到在追求经济发展的同时也要兼顾当地环境治理问题。二是村民因受传统的小农思想及乡土意识的制约，没有认识到环境与其自身生产生活的重要关系，日常生活垃圾、生活污水随意排放。缺乏保护家园环境卫生问题的意识与行动，更多的是"各人自扫门前雪，休管他人瓦上霜"，对公共环境卫生治理的参与仅仅表现为部分村民会拾起路边被人丢弃的可回收塑料瓶。三是缺少环卫工人。通过调查得知，马岩村现在仅有一名负责打捞锦江河马岩段水上漂浮物的环卫工人，靠近公路的马岩组、吴家湾等村民组的垃圾则由灯塔办事处环管站每天派人来收集拉回铜仁市集中处理，而专门负责村组寨落的环卫工人则没有。四是由于马岩村地理位置特殊，全村有三个村民组近四百户人家居住在不通公路的锦江右岸，交通极为不便，这对于全村构建完善的垃圾处理及排污系统是一个很大的战略挑战。由于村干部、村民思想意识不到位及自身"面貌"条件的限制，使得马岩村的环境治理工作任重道远。

图 10-2　马岩村整脏治乱网格化管理表

（二）外部因素

一是我们国家当前还没有完全制定针对农村垃圾处理及排污系统建设的法律法规，贵州省或铜仁市也尚未启动农村环卫整治专业规划编制工作。由于农村环卫规划的滞后乃至严重缺失，在很大程度上制约了农村环境治理工作的进程，所以农村环境卫生治理工作缺乏制度保障。二是农村的环卫工作还没有完全进入地方政府部门的工作议程，较多的还停留在空泛的文件精神上，真正贯彻落实的微乎其微。三是因没有得到政府的足够重视，农村的垃圾及污水处理不仅缺乏设备，更缺乏专项治理资金，使得农村的垃圾处理及排污系统等公共服务设施严重滞后于市区。四是现有垃圾处理方式原始粗放。垃圾处理缺乏科学性和资源化，当前对垃圾池里的垃圾更多的是采用焚烧处理，而没有垃圾池的或锦江河右岸的三个村民组的垃圾处理就是不分类的直接倒入沟渠河道或进行填埋、焚烧，对环境造成了很大的危害。相关制度的缺乏、政府部分的不重视、治理资金的匮乏及垃圾处理技术的落后，严重制约了马岩村垃圾处理及排污系统的构建。

四、马岩村垃圾处理及排污系统构建的方案设计与选择

当前，尽管国家出台了一系列支持农村发展的政策措施，对农村的环境治理也提出了相应的目标，但就如何构建农村社区的垃圾处理及排污系统没有做出具体要求和规划。近年来，我国有些农村走在了环境治理的前沿，设计了自身的"模式"，如四川罗江的生态回收处理等。但是，这些地方的垃圾处理及排污系统方式除其本身经济基础好、综合条件优越外，还带有浓烈的地方特色，不容易被复制。所以，国内还缺乏较为成熟的、普适性的农村垃圾处理及排污系统模式。马岩村只有在吸收、借鉴他人经验的基础上，结合自身实际设计科学合理的垃圾处理及排污系统。

（一）马岩村垃圾处理系统的设计

通过对马岩村环境治理现状及制约因素的调查了解，本书立足马岩村实际，借鉴他人经验，提出马岩村的垃圾处理应是交通便利区域实行"组保洁—村收集—办事处中转—市处置"的方式，而锦江河右岸及偏远分散区域则实行分类—资源化处理。

一是在加强宣传教育的前提下，由上级政府划拨专项资金或农户集资在公路旁或街道上修建、布局垃圾池或垃圾桶，鼓励村民将每天的垃圾进行分类，留下塑料瓶、金属器具等可回收利用的，把无利用价值的集中放入到垃圾池或垃圾桶。二是在当地聘请村民为环卫工，人数视具体情况而定，主要负责每天的垃圾集中。由当地村民以每户每月10元的标准出资作为环卫工的工资，年终由村委会或上级政府进行适当补贴。三是由灯塔办事处环管站派专车专人每日前往马岩村运输垃圾，将垃圾运往铜仁市进行科学化处理。在这种"组保洁—村收集—办事处中转—市处置"的方式中还可以配合沼气池进行垃圾的资源化处理。

针对落鹅、岩董、坳田董三个村民组的垃圾，因其交通闭塞，主要采用"自消化"方式。由政府部门在落鹅、岩董和坳田董两个区域修建大型垃圾池，配备手推车，并在大棚蔬菜基地内、农户聚居区安放移动垃圾桶，以前面的方法聘请环卫工，将单位农户的垃圾和移动垃圾桶里的生产生活垃圾集中运送到指定区域的垃圾池科学处理。生活垃圾的资源化利用如图10-3所示。

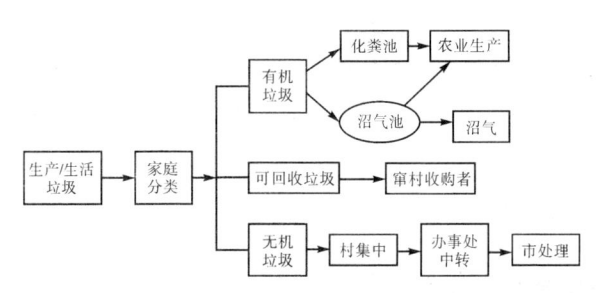

图10-3　马岩村生活垃圾利用流程图

（二）马岩村污水处理系统的构建

随着乡村生活水平的提高与污水量的增加以及环境要求和环境标准的不断提高，乡村分散的生活污水需要进行科学化、资源化处理。生活污水主要是指人们日常生活中产生的如厨房用水、洗衣用水、粪水等。针对生活污水主要由政府或社会投资修建沼气池及化粪池，将生活污水分类型排入沼气池和化粪池，最终将污水及其他固态垃圾混合转化为可利用的能源供人们生产或生活使用。一是由政府投资，农户投劳和社会参与的方式，在岩董、落鹅两个蔬菜基地内部及半坡田修建大型科学化化粪池。化粪池修建在农户与基地或农田之间的等高线位置上，由封闭式沟渠或管道连接农户排污源与化粪池，其数量和规模视农户排污量与基地需求量而定。化粪池由使用农户共同承担后期维护，里面的"肥料"由大家共同使用。在这种设计中，第一个储粪池里的"元素"较为复杂，排污源里来的固体物质主要沉淀在这里面，这就需要投入使用后定期的"淘金"，里面的积淀物质也是可以肥田的物质。而在最后一个化粪池里的物质是接近于纯净的、"最营养"的"粪水"，对这个池子里的液体可直接用于农业生产。同时，为了避免造成资源的浪费，这种方案还可在最后一个化粪池的池口连接数根管子到地下，埋藏在地下的管子不间断的戳上小孔。当这个池子里的水供大于求时就会自动通过管道渗透到地下增肥，地下管道起到自动"泄洪"的功能。二是积极寻求政策支持，每家每户或联户修建沼气池。沼气池不仅可以解决部分有机垃圾及生活污水的处理问题，还能将人畜粪便转化成清洁能源，把影响人们视觉和健康的垃圾、污水、粪便变成可供利用的生活燃料和农业生产肥料。当前，马岩村就连村委会都没有一个固定的厕所，全村也没有公共厕所，农户使用的厕所多是传统的干厕，很多还是人畜共用，这种厕所既不卫生也不利于资源的转化。沼气池的修建大大改善了农村的卫生状况。三是对于上木林、中木林和下木林，由于处于铜仁市循环工业园内，园区内配有相对于城市的排污处理系统，不管是生产还是生活污水都可以借助园区内的排污处理系统得到解决。而对于偏离园区或地势低于园区的农户，同样采取沼气池为主来进行有机垃圾和污水的处理。四是对于马岩村传统的手工造纸作坊应该进行技术改造和完全取缔，防止其生产污水排入河流产生污染。而对于采用机械化生产的造纸工厂则应该严格按照排污标准进行污水处理、排放，严禁将生产污水直接排入锦江河，造成河流污染。

当前，国内外对农村生产生活污水的处理技术已有很多，如：以土地处理为主的治理技术，其包含慢速/快速渗滤土地处理系统、生活污水的砂滤处理系统、湿地系统、毛细管渗滤沟处理系统；蚯蚓生态滤池处理系统；生态厕所技术；集中型污水处理厌氧-好氧工艺和 LIVINGMACHINE 生态处理系统等技术与模式。但是，这些现成的处理方法因投入过高且趋于专业化，故在马岩村不能完全实用。因马岩村经济水平、人口密度、地理环境等方面的特殊性，其垃圾处理及排污系统的设计必须从成本、效益等实际出发，紧扣本村经济社会发展思路，12个村民组因地制宜采取符合自身条件的垃圾处理及排污系统，循序渐进，以此改善生产生活条件，营造生态健康的人居环境。

五、几点建议

改革开放以来，中国经历了快速的发展，GDP 逐年上升，农村也在不断经历改革、转型和进步，这些改革、转型和进步是农村发展的必然，是不以人的意志为转移的社会发展规律。农村环境因经济发展和城市化的扩散而趋于恶化。下面就如何设计、构建并完善马岩村的垃圾处理及排污系统，结合马岩村实际，提出如下建议：

（一）政府重视

农村的环境卫生问题要得到改善，必须得到政府的重视和支持。作为地方政府部门，农村的环卫工作不仅要提上议程，最重要的是落到实处。不管是碧江区人民政府还是灯塔办事处，都必须将马岩村等行政村的环卫工作作为一项民生工程来抓，把农村环境整治工作以年度或五年计划的形式来定位目标。在科学发展观的指导下，结合铜仁市建设旅游城市的发展战略，将周边农村尤其是乡村旅游规划点的环境整治工作进行编制。

建设先进示范村，在示范村建设中重点进行改厕、改卫、改厨和建沼气池等项目建设；清理垃圾粪便、无序排污及清理乱堆乱放；修建垃圾池及建排污沟，采取多种手段美化庭院和清洁家园。市财政预算专项治理资金，逐年提高，循序渐进。具体落实执行领导负责制，由主管部门的主要领导负责某一区域，将农村的环境治理工作纳入相关责任人的年终考核内容。同时，水利、供电、规划等各相关部门应分工明确，密切配合，坚持规划先行，将各自负责的项目落到实处，让农民真正看到实效。最后，铜仁市政府应该将农村的环境整治工作纳入年终考核项目，对某一时间段内在农村环境整治方面做出突出成绩的单位或个人进行奖励，将农村环境整治工作推入正轨。

（二）基层落实

灯塔办事处及马岩村等基层组织要积极争取扶贫项目及相关政策、专项资金，完善本村垃圾池等公共基础设施建设，环卫工由铜仁市环保局或灯塔办事处环管站配备推车等环卫工具，统一着装。加强环卫教育宣传，可以在马路边或显眼的地方粉刷宣传语，或印发传单在马岩赶集时发放给村民，增强村民环卫意识。村两委会可就环境治理工作制定相关的奖惩措施，对房前屋后无乱倒垃圾、无乱堆粪土、无乱排污水及无敞养禽畜等的农户进行表扬宣传和给予一定的物质奖励，而对于庭院卫生脏、乱、差的农户督促其限期整改。村两委会不仅要将上级的指标认真落实，同时还应制定自己的目标，争取多渠道筹资，为建设生态型农村人居环境积极出谋献策。

（三）农民意识

农民是农村环境整治工作的主体和最终受益者。为营造生态、和谐、温馨的人居环境，农民应该增强环保意识，树立环境保护观念，一改传统的乱堆乱放和乱泄乱排，充分利用好国家的惠农政策和支农项目。

（四）社会参与

环境的治理离不开社会的参与和支持，其中，企业是最主要的社会参与者，因为它肩负着一定的社会责任。马岩村已有数家企业进驻，这些企业应积极、主动为马岩村的环境治理工作出资捐物，在赢得农民口碑的同时也树立了企业的社会责任感，不仅帮助马岩村人民改善了环境卫生条件，也对自身今后的工作带来很多便利，是一个双赢的举措。同时，应积极鼓励乡村旅游公司投身马岩村的开发，对马岩村的旅游发展思路进行详细的科学规划，实现经济、社会和生态的协调发展。

总之，要整治农村环境卫生，构建农村型的垃圾处理及排污系统，无非就是从政府、农村和社会三个方面进行努力，只有得到政府的重视与保障，才能增强农民的环卫意识，同时鼓励社会参与到农村的环境治理工作中来。只有这样，才能引导全民树立环卫意识，以优化农村生产生活环境，保证人民群众在生态良性循环的环境中生产生活，促进经济发展与人口、资源、环境相协调，实现人与人及人与自然的和谐。

六、结束语

人类需要与自然相互依存。完善农村垃圾处理及排污系统，是建设社会主义新农村的重要内容，是贯彻落实科学发展观的重大举措，是惠及农村千家万户的德政工程。在当前新农村建设持续推进的大背景下，农村环境问题严重阻碍着新农村建设目标的实现。农村垃圾及污水的问题，需要政府、公民、社会共同重视和参与。通过政府指导，社会和公民的大力支持和共同努力，防患于未然，不仅可以减轻农村环境治理成本，也会使农村的环境得到更大的改观。保护环境，人人有责，让我们共同努力，使我们的天更蓝、水更清、山更绿、村庄更加整洁漂亮。

参考文献：

［1］隆少秋.中国农村系统发展研究［M］.广州：华南理工大学出版社,2008.

［2］苏立华.新农村建设中的环境问题及对策研究［J］.农业环境与发展,2006（6）.

［3］宋玮,杨华,程勤阳.农村室外污水系统设计方法初探［J］.北京农业,2009（18）.

［4］刘永德,何品晶,邵立明,陈活虎.太湖地区农村生活垃圾管理模式与处理技术方式探讨［J］.农业环境科学学报,2005（6）.

［5］叶诗瑛,等.安徽省新农村建设中居民生活垃圾管理对策［J］.安徽农学通报,2007（8）.

［6］尚兵.农村垃圾现状及处理对策［J］.北方环境,2011（11）.

［7］王翔宇.农村住宅排污系统改良初探［J］.农业考古,2011（6）.

［8］刘肇军.贵州石漠化防治区经济转型研究［D］.成都：四川大学,2009.

［9］王旭,等.国外生态村建设经验对海南文明生态村建设的启示［J］.安徽农业科学,2009（1）.

［10］杨洋.基于问题导向下的新农村建设中村庄整治问题的研究——以安阳西部丘陵地区新农村建设和村庄整治为例［D］.上海：同济大学,2008.

［11］王雷.创造为子孙后代造福的社会主义新农村［J］.城乡建设,2005（12）.

[12] 栾晓平,等.社会主义和谐社会的政治经济学分析[J].理论学刊,2006(8).

[13] 王乃新.村庄公共中心规划研究[D].苏州:苏州科技学院,2011.

第十一章 马岩村基层党建与管理

农村基层组织作为推动我国民主政治建设的重要力量，理应受到社会各界的关注和重视。正处于社会转型期的新农村，村级基层组织面临着更多的机遇和挑战，对村级民主管理也提出了更高的要求。本章结合新农村建设对民主管理的要求，采取观察法、调查法、访谈法等一些科学的研究方法，从村务公开、民主决策、民主事务管理和监督机制的运行等方面为切入点展开分析马岩村民主管理的现状，研究马岩村民主管理中所存在的问题和矛盾冲突并探索其解决的办法，从如何深入农村民主管理，提高村民民主意识，优化农村民主管理，加强农村民主政治建设等方面进行探索，为马岩村的民主管理提供参考性的对策建议。

一、马岩村民主管理的现状

（一）村务公开状况

村务公开是政务公开的基础，是否充分利用村务公开来提高村两委会的执政透明度，对发展农村经济、促进村内和谐与稳定具有至关重要的意义。村务公开的内容包括政务公开、财务公开、资产资源公开和村民自治公开四大内容。村务公开主要采取公开栏的形式，马岩村有12个组，相对较为分散，通过观察得知,村务公开栏就只有一个,位于马岩组,叫做灯塔办事处马岩村党务村委明白墙。村务公开栏的内容主要分为四栏,即党务村务明白墙、收费项目明白墙、信访案件明白墙、工作业绩明白墙。党务村务明白墙下面分为三个小版块,分别是党委村委情况、计划生育节育情况和村级财务收支情况。收费项目栏下包括了合作医疗保险情况和养老金发放情况。信访栏中分村民组与组之间的纠纷以及矛盾化解情况。工作业绩墙分为三个小版块,分别是征地搬迁落户情况、产业发展情况和办实事情况。墙上的内容都是由粉笔一笔一笔写上去的,由于公开栏属于露天的,周围并没有采取什么保护措施,墙上的内容受天气或者人为影响已经变得相当的模糊,很难辨别具体内容。村委会公开内容有时候一个月更新一次,有时候半年都不更新,更新时间没有明文的制度规定。在村务公开栏的旁边还有彩色打印的马岩村便利便民卡——马岩村干部任职人员名单和联系方式。该便民卡包含三个板块,分别是村党总支、村委会和村监会任职人员名单联系方式及所管理村级事务的范围。在便民卡最下面印有"干部十不准"的为民服务的原则制度规定。除了在马岩组设有的村务公开栏和便民卡外,其他组都没有相应的村务公开形式。

(二)村级事务的民主决策状况

村级事务民主决策是实行村级民主管理的重要环节,村民通过民主决策程序参与到与自身利益密切相关的事务中来,不仅调整了党群关系,也减少了由于单独决策所带来的矛盾与冲突,集思广益,加强了决策的正确性。马岩村12个组,组数较多,且地理位置较为分散,为了方便管理,几个组连成一个大队,按队进行有效管理。马岩村村民参与民主决策的基本途径是村民代表大会和村民会议。由该村18岁以上村民过半数或者由该村2/3以上的户代表参加村民会议,会议所做的决定必须超过参加会议的50%的村民同意方可通过。村民代表大会由村民代表、村民组组长和村委会成员组成，决策决定也必须经过出席代表成员过半数同意方可通过。马岩村村民参与民主决策的事务主要是参与民主选举，每三年一次，由村民会议或者村民代表大会选举产生村干部或组长，而对于村内重大利益事务，如土地征用、农田水利建设、公共福利、提留统筹和农民负担，以及其他与村民利益密切相关的事务主要由村党总支和村委会主要领导班子集体商议决策，决策后再告知村民最终的结果。

（三）村级事务民主管理制度状况

就马岩村而言，民主管理制度缺失严重，因为该村并没有制定一个村民必须人人遵守的村规民约，没有一个文件性质的且经过大家商议制定的民主管理条例。马岩村正是由于制度机构的双重缺失，导致民主管理活动寥寥可数，村民参与民主管理的程度也大大降低。根据随机抽查马岩村村民50人，当问到曾经是否参与过本村的民主管理活动的时候，有10.2%的村民做出了肯定的回答，有68.8%的村民表示没有参加过，剩下的21%的村民根本不知道什么是民主管理活动，并不能给出准确的答复。但当问及是否有意愿加入到对村内事务进行民主管理时，82.4%的村民答案是肯定的，都希望加入到对村内重大问题的决策上来，其余17.6%的村民表示并不关心这方面。

（四）村级民主监督机制的运行状况

马岩村组织机构中设有村监会，成员有三人，分别监管村财务、村民选举和与村民利益相关的重大村级事务，比如村集体经济的合并和撤资、土地搁置等问题。设立村监会的目的是为了能够让村党总支和村委会的决策更加公开化、透明化，代表村民对村干部的决策过程和决策效果行使有效的监督权，促使村级民主管理的科学化和制度化，提高决策的正确性，防止村干部内部玩忽职守，损坏群众的利益。但马岩村村监会的成员是由村党总支和村委会商量决议选出来的,对村两委会负责。实际上,是村两委会掌握了对村监会人员的任职,村监会名存实亡,根本起不到对村级事务和村干部行为的监督作用。对于村监会的作用,48.8%的村民认为村监会根本无用,40.2%的村民表示不知道有这个组织的存在,11%的村民认为村监会能够代表他们行使监督权。由此可见,马岩村的民主监督制度还存在很大漏洞,民主监督机制运行薄弱,没有充分发挥好自身的作用。

二、马岩村民主管理中所存在的问题

(一)村务公开力度不够,流于形式

从村务公开的形式上来看,马岩村村务公开的形式非常的单一,主要是利用位于马岩村的村务公开墙,在墙上分党务村务、收费项目、信访案件和工作业绩四个小版块进行分条板述内容。在具体内容的公开上力度不够,流于形式,仅仅只是简单地公布了大概情况。例如,村民最关心的是村财务收支情况、医疗保险报销情况、村干部报酬和集体资金的筹集等方面,公开的只是一个季度总收入或总支出几个模糊的数字,公开内容抽象不具体,不仅村民看不懂,也无法明白村财务收支配置是否合理,是否公平有效地投入到村级事务的建设中,是否与村民的利益有冲突。在公开的时间上,马岩村的村务公开墙内容有时候一个月更新一次,有时候半年才更新一次,更新时间不稳定且与村内事务进展情况不一致,这样的时间落差直接导致了村民对村内各个方面具体项目的实施状况不了解,信息的滞后性带来的是权益保障的漏洞,不能及时维护自身的合法权益,也不能对村两委会的政务进行及时、有效地监督。

(二)民主决策不规范,缺乏科学性的制度

民主决策是村级民主管理的中心环节,是否拥有一个规范性的民主决策制度是村级民主管理活动顺利实施的有力保障。加强民主决策的目的就是要通过公平、公开、公正的原则来提高村民参与村级事务的积极性，提高决策的科学性和民主性[①]。马岩村民主决策尚未形成一个统一完善的制度机制，很多方面都还不规范，暴露了很多的缺陷。除了在村干部的干部任职上召开村民大会进行民主选举外，在其他关系到村民重大利益的具体事务，都是由村两委会讨论擅自替村民决定，村民没有知情权和表决权。比如：涉及村民关心的生产生活村级年度财务收支、收益分配方案；村级重大财务开支；集体重大项目的投资、举债；集体资产的处置；村干部报酬标准等。这些重大事务的决策权掌握在村干部和村党总支少数人的手中，不受村民的监督和制约。因为在民主决策方面缺乏合理的制度性安排，干部缺乏一个有效的监督机制来对决策的结果负责。因此马岩村的民主决策运行不规范，做出的决策也缺乏科学性，尤其是当决策的结果不符合民意或者与村民利益有冲突的时候，就容易引发村干部和村民之间的矛盾，加大了管理难度，影响了农村的和谐与稳定。

（三）村干部民主管理意识不强，村民缺乏积极性

由于意识形态的落后，观念上的认识不足，马岩村民主管理活动非常的少，干部进行民主管理的意识不强。马岩村的村规民约都是传统生活经历的约定俗成，村民自治章程也是国家的政策性文件，并没有一个与本村实际情况相结合、且适用于本村的政策性文件。村干部的民主管理意识不强，认为有些事情能自己做主就自己做主，没有必要让村民知道，怕麻烦，尽量减少与村民的正面交流，这样的服务态度不仅让村民对村干部的决定容易产生怀疑，而且最直接的后果就是影响村民参与

[①] 唐晓坤. 我国的基层民主与政治建设 [J]. 徐州学刊，2002 (2).

村级事务管理的积极性，对村级民主管理的顺利进行造成了较大的阻碍。对村民的调查访问数据显示，绝大部分人没有参与过本村的民主管理活动，还有相当一部分人根本就对民主管理没有什么概念，这样的调查结果不仅显示了马岩村民主管理活动的缺失，也从侧面反映了村干部不重视民主管理，在加强民主管理这方面缺乏必要的宣传，直接导致了村民维护自身权利的意识不高，其参与村级活动的热情和积极性大大降低。因此，要在提高村干部民主管理意识的同时加强村民的民主意识，将两者的民主管理意识都提高上去了，才能促进村级民主管理活动的进一步开展。

（四）民主监督机制不健全，缺乏有效监督

民主监督机制的有效运行是民主管理的重要保障，整个民主管理过程应该接受民主监督机构的监督，确保其符合最广大村民的根本利益。马岩村虽然设有村监会，但成员是由村两委会商议出来的指定人员，这种选拔方式本身就有问题，村监会的成员应该由村民会议或者村民代表大会推举出来，对村两委会的行为决定进行监督，直接对村民会议或村民代表大会负责。马岩村组数众多，由村两委会指定人员担任村监会成员不仅监督效果不明显，而且村监会直接对村两委会负责，这样的安排机制等于形同虚设。并且，村监会虽然在形式上被赋予了很大的权力，但马岩村村监会成员才三人，如何让三人的监督权力公正化、机制化是值得思考的问题。从调查数据中可以看出，马岩村村民对村监会并不了解，不知道它存在的意义，甚至相当一部分人根本就不知道村监会的存在。民主监督机制的欠缺让村监会名存实亡，重形式，轻内容，没有发挥好它本身应该有的监督作用。

三、对策与建议

（一）加大村务公开力度，让村级事务透明化

对于村务公开力度主要从以下几个方面进行：一是要规范村务公开的形式，加大对村务公开栏的投入。可以设置透明玻璃挡板来避免村务公开的内容免受其他外围因素的影响，同时把粉笔字形式改为字迹容易辨认的电子打印版形式，既美观也方便。二是村务公开时间要及时。对于村务公开的时间必须有明确的规定，最好是一个月公布一次。在做一个决议时，过程公开有益于集思广益、事前监督，结果公开有益于让大家事后监督。三是让村务公开更透明。对于事关村民切身利益的事务，如：土地征用补偿及分配、村集体土地征占收入的使用；村集体公益事业的承包方案、所需劳务及劳务补贴标准，医疗保险报销情况等事务都必须全过程做到透明化，避免由于村务公开力度不够而导致的干群关系的不和谐①。力求保证这些重大事情的公平、公正实施。同时，应当听取广大群众的意见和建议，对于群众最为关注的问题都给以一一解答和公开。

（二）提高干部群众对民主决策重要性的认识，加强民主决策制度建设

要充分发挥民主决策的优越性，就必须加强思想教育，让村干部和村民认识到民主决策的重要性。对村干部来说，树立民主决策意识不仅是村民自治的要求，而且提高了村级事务决策的正确性。对村民而言，加强民主决策意识不仅是其以主人翁的形象参与到村级事务的管理中，而且对村级事务进行民主决策更有利于保障自身的合法权益。加强民主决策制度建设更是重中之重，因为只有建立健全决策制度才能使其有章可循，

---

① 吴开宏. 怎样使村务公开有看头 [J]. 农村财务会计，2006（7）.

图 11-1　民主选举

是民主管理的基础和坚实的后盾。主要的对策有：一是要根据本村实际，特别是按照建立社会主义新农村建设的要求，对村规民约等制度进行补充和完善。二是适当创新决策制度。如通过深入调查研究，建立广泛的信息网络，并对涉及村民重大利益的项目等，要聘请专家进行论证，以降低决策风险，减少决策失误。三是建立决策责任失误追究制。对于因错误决策而造成重大损失的事务，应当追究主要领导的责任。只有建立这种责任追究制，决策时才会更加慎重，更多地考虑到民主决策的科学性和可行性。

（三）加强教育培训，提高村干部与村民的民主管理意识

要把村级民主管理落到实处，保证民主管理机制的顺利运行，关键是要充分发挥村干部的管理职能并积极调动村民们的参与热情。只有这样，才能保证村级民主管理的各种制度和活动有效的运行。马岩村并没有一个结合本村具体实情来制定的民主管理条例。村干部也缺乏民主管理的意识，村民的民主活

动参与程度低，究其原因还在于村民和村干部的文化素质水平不高，意识层面的局限直接影响了该村民主管理水平的提高。因此，要大力重视农村教育，利用宣传栏等宣传阵地经常性的向村民们宣传各种法律法规，提高他们保障自身的民主权利的意识，加强对村级民主管理的监督。同时，应加强对村干部的教育培训，提高村干部进行民主管理的意识，制定民主管理制度，约束村干部行为，选拔素质较高的人才担任村干部。从村民和村干部两个主体的思想层面的提高来加强村级民主管理，保障其民主管理制度的有效运行。

（四）建立健全民主监督机制，推进监督的民主化

建立有效的民主监督机制，不仅能规范权力的运行，而且能够保证民主管理的实施。建立健全民主监督机制主要应做好以下两个方面：一是要充分发挥村监会的监督作用。转变村监会由村两委会任命的形式，改指定为选举，由村民代表大会推举选拔。村监会必须对村民会议和村民代表大会负责①。不仅监督村级一般事务，还负责监督村干部的行为是否廉洁，各种决策是否落实到位，过程是否民主，结果是否公平、不损害村民的利益。二是要发挥村民的监督作用。不仅要在村财务管理、民主决策和内部监督制约机制形成强有力的监督机制，而且还更应该重视强化群众监督的力量，通过开展民意交流会、设置意见箱和举报电话等形式，广泛搜集和听取群众的意见和建议。

四、小结

随着农村经济的进一步发展，农民越来越需要一个能为民服务，鼓励大家积极参与到维护自身利益的基层组织，而基层

---

① 矫旭日. 农村民主政治建设存在的问题及对策研究 [J]. 莱阳农学院学报，2002（3）.

组织要充分发挥作用,就必须建立起一套完善的民主管理制度,对村民实行民主管理,村务公开更完善,决策过程更民主,干部要积极树立为民服务的意识,鼓励村民对村级事务的管理进行参与并不断地提高他们的参与热情,以人为本,为全面建设社会主义新农村提供一个和谐与稳定的环境。

参考文献:

[1] 唐晓坤. 我国的基层民主与政治建设 [J]. 徐州学刊, 2002 (2).

[2] 李翔, 杜鹏. 中国乡村治理的模式 [J]. 湖南农业大学学报, 2005 (6).

[3] 黄顺源. 搞好村级民主理财 [J]. 乡镇论坛, 1996 (5).

[4] 卢福, 李捷. 我国的乡村建设困境 [M]. 合肥: 安徽人民出版社, 2001.

[5] 周娜, 马顺洋. 村级民主管理与建设 [J]. 云南大学学报: 社会科学版, 2004 (3).

[6] 陈宏江. 中国执政党建设与基层建设研究 [J]. 理论导刊, 2003 (7).

[7] 韩杰. 现阶段中国农民自治制度分析及探讨 [D]. 大连: 东北财经大学, 2006.

[8] 段福. 农村决策模式的探讨 [J]. 社会科学, 2007 (5).

[9] 矫旭日. 农村民主政治建设存在的问题及对策研究 [J]. 莱阳农学院学报, 2002 (3).

[10] 吴霞. 村民自治的动因 [D]. 沈阳: 东北大学, 2009.

[11] 吴开宏. 怎样使财务公开栏有看头 [J]. 农村财务会计, 2006 (7).

附　录　商业计划书《开心农场——马岩村休闲农业体验基地》

第一部分　摘要

本项目的宗旨是精心打造铜仁市第一个以"开心农场"为主题,以"劳作、休闲、收获、快乐"为主要操作模式的乡村休闲旅游公司,为铜仁市民提供农场进行蔬菜、水果、花卉等作物的种植、收获,让客户在回归泥土芳香的乡村自然环境中愉悦身心。

本项目选址于铜仁市灯塔办事处马岩村锦江河畔的岩董组,距市区约10千米,约15分钟车程,交通极其方便。基地依山傍水,环境清幽,风景秀美。项目主要由蔬菜大棚、客服中心组成。公司组织形式为股份制公司,经营模式为会员制。

从预期的财务分析来看,本项目计划总投资约20万元,如果项目于2013年3月1日前得以正式开发,则2013年9月1日前可完成全部的建设及装修,正式对外营业。本项目启动资金约为12万元(大棚新建、改扩建及基础设施),如能完成40%的销售率,每年能实现会员收入730 000元,年净现金流入为

411 312元，投资回收期为0.72年；如能完成80%的销售率，能实现会员收入1 460 000元，年净现金流入为1 111 392元，投资回收期为0.37年。以上预算均不含其他服务性收入。

第二部分 总论

一、项目概况

（一）项目名称：开心农场——马岩村休闲农业体验基地

（二）项目地址：铜仁市灯塔办事处马岩村岩董组

（三）项目团队：×××（负责人）、×××（财务处兼外务部公关总监）、×××（财务处经理）、×××（外务部经理）、×××（外务部经理）、×××（工程部主任）

（四）联系电话：150×××2075

二、项目建设的可行性及必要性分析

（一）项目建设的可行性

1. 项目的建设符合了国家与地方的产业政策

农业部《全国休闲农业发展"十二五"规划》《铜仁市国民经济与社会发展第十二个五年规划纲要》及相关政策法规的制定，为休闲农业的发展提供了政策支持。

2. 项目的建设面临社会转型中难得的发展机遇

"十二五"时期是铜仁市全面建设小康社会的关键时期，是加快转变经济发展方式的攻坚时期。城乡居民收入的提高、消费方式的转变、新农村基础设施的改善，都为休闲农业提供了难得的发展机遇。

3. 项目建设有着校地合作关系的有力支持

马岩村作为铜仁学院法律与政史系的产、学、研基地，双方建立了极其密切的校地合作关系，项目作为校地合作的重要

组成部分，在实施的过程中可以得到学校一批有经验老师的智力支持、并能得到马岩村两委会及村民的鼎力支持，这很大程度上扫除了项目在规划、实施过程中的诸多障碍。

4. 项目团队有着长期、扎实的实践经历

马岩村是铜仁学院农村区域发展专业的见习、实训基地，本创业项目负责人及全体成员在马岩村长期的田野调查中，与村干部和村民建立了深厚的感情，项目的实施有着很好的群众基础。

5. 项目的选择符合了铜仁市乡村旅游的规划需要

马岩村作为铜仁市乡村旅游的重点规划区域，项目所在的岩董组又处于休闲农业圈发展规划的核心区域，项目的选择完全符合铜仁市乡村旅游的规划要求，项目的建设必将得到政府的资金支持，有利于减轻投资者负担。

6. 项目的建设符合了市民的消费需求

随着都市环境质量的弱化、现代社会工作节奏的加快和竞争的日益激烈，城市居民渴望闲暇时间多样化的生活体验，尤其向往回归到泥土芳香的乡村自然环境中放松身心。"开心农场"可以让城乡居民体验农耕乐趣、品味农业情调、共享田园生活。

7. 项目地址具备了完善的基础设施

马岩村自2006年起就开始修建岩董大棚蔬菜基地，现已配备了完善的水、电、道路、太阳能杀虫灯等诸多设备设施，可以减轻这笔基础设施的投资费用。

8. 项目地址具有优越的地理位置和自然环境

马岩村距铜仁市区10千米的路程，铜麻公路贯穿全境，交通便利，依山傍水，自然资源丰富，属于九龙洞景区的环境保护范围，生态保存完整，"农业气息"味道浓厚，是享受田园风光、乡土风情，愉悦身心的好场所。

9. 项目的选择符合了城市"二代"教育方式的需要

城市许多家长希望让孩子到农村体验生活，磨炼意志，让孩子在轻松愉悦的农场上获取农业科学知识和农耕历史文化体验，在休闲中达到教育目的。

(二) 项目建设的必要性

1. 项目的建设有利于农村现有闲置土地的充分利用

伴随打工经济的出现，人们放弃蔬菜的种植而外出务工，从事农业生产活动的多是力不从心的老年人，当地产生了很多闲置的土地。发展开心农场，有效利用当地土地资源，进行产业升级，使农业走向健康持续的发展道路。

2. 项目的建设是社会主义新农村建设的重要内容

"开心农场"的开发对缩小城乡差别，加速城乡文化交流，促进经济社会协调发展，推进新农村建设具有迫切的现实意义。

3. 项目的建设有利于为武陵山区农村区域经济探索新的发展模式

武陵山区扶贫开发工作的继续推进，为武陵山区社会经济的发展提供了极大了政策和资金支持，该项目的实施将会是武陵山区一种新的乡村旅游发展方式和一种新的经济增长模式，其可复制性将为武陵山区社会经济的发展起到很好的引领作用。

4. 项目的建设有利于为大学生探索新的就业渠道

面对日趋激烈的就业压力，大学生选择自主创业成为一种明智的选择和就业趋势，投资发展"开心农场"既可以缓解社会就业压力和工作竞争，还可以在创业过程中磨炼自己的意志，实现自己的人生目标。

三、项目构成

(一) 大棚

在 20 000 平方米农田上规划修建 15 000 平方米大棚，以

300平方米/个的标准修建，一共可以建成大棚50个。

（二）客服中心

就近租赁当地农房为客户接待中心，同时集办公、仓储、员工休息等功用。

（三）公共基础设施

在大棚基地内规划修建厕所、洗浴室、凉亭、小卖部等公共服务设施。

四、项目战略规划

（一）第一阶段：预计3个月

（1）完成项目的市场调查，做好项目商业计划书；

（2）明确承包土地面积、价格及期限，并签订好承包合同，办理好相关手续；

（3）完成农场的布局及功能规划；

（4）组建投资团队，确认出资比例、金额及到账时间；

（5）就近租赁房屋，并与房东签订好租赁合同，以公证的形式规避违约风险；

（6）与政府相关职能部门沟通好，确保项目顺利开工，并争取相关资金支持；

（7）选好施工队伍，做好施工方案；

（8）组建工程建设期间的管理队伍：质量控制、物料购买、进度协调、安全防范、资金管理。

（二）第二阶段：预计3个月

（1）完成大棚及配套设施的建设工程；

（2）农产品生产、"护理"团队的组建、培训；

（3）营销计划的制订、实施；

（4）会员的注册登记；

（5）会员证及农场内会员标识牌的订制（个性化）。

(三) 第三阶段：预计一年
(1) 开心农场的开放试运营及第二年营销方案的调整；
(2) 营销、管理团队的磨合及调整；
(3) 服务中心的商业服务；
(4) 资金回笼及债务支付的控制。
(四) 第四阶段：预计两年
(1) 开心农场的营运及营销方案的进一步完善；
(2) 营销、管理团队的稳固及分工的细化、激励制度的确立；
(3) 债务清偿及资金的回流；
(4) 送货上门及礼品包装定制；
(5) 后续项目的运作。
(五) 第五阶段：预计 16 年
(1) 农家乐；
(2) 水上乐园或其他娱乐项目；
(3) 团队管理；
(4) 农场盈利资金对新投资项目的选定和运作；
(5) 农场规模的扩大及下游产业的开发。

第三部分 项目及市场分析

一、项目本身

(一) 项目选址

本项目修建于铜仁市马岩村锦江河畔的岩董组，坐落于现有大棚蔬菜基地内部，地理位置优越，自然环境优美。绮丽的田园风光、浓郁的乡土文化、独特的民风民俗、古朴的农耕情调、悠久的蔬菜种植历史及多样化的农业资源，散发出迷人的魅力，对城市居民具有极大的吸引力。

（二）项目规模

本项目主要由大棚蔬菜种植基地组成，农场总面积20 000平方米，规划大棚面积15 000平方米，以300平方米为标准修建大棚，一共可以修建大棚50个。同时，每个大棚以30平方米为标准进行划分，一个大棚分为10个单元，50个大棚一共可以分成500个开心农场。以一个30平方米的农场为单位进行出租，会员可以在30平方米的农场上从事蔬菜、水果、花卉等作物的种植。

（三）项目模式

本项目采用的是租地自建的形式。与土地所有者合作，采取建设—运营—转移的BOT方式，建设及经营期为20年，由我方投资建设。建设及完善时间为半年，经营期为19.5年，第一年需大棚新建及改扩建项目资金70 000元，每年需地租24 000元、房租8000元、船租3000元，租金一年一交。运营20年后，将大棚归还土地所有者，公司进入下游产业或其他区域市场。

二、公司产品的市场环境

（一）"开心农场"具有广阔的市场需求

铜仁市旅游资源丰富，但是具备生产、休憩、体验、教育、经济和社会等功能的"开心农场"还尚无先例，所以该项目的开发有其强大的市场需求，且竞争压力较小。

（二）"开心农场"有利于愉悦身心，是市民休闲生活的发展趋势

随着现代社会工作节奏的加快和竞争的日益激烈，城市居民渴望闲暇时间多样化的生活体验，尤其向往回归到泥土芳香的乡村自然环境中放松身心。"开心农场"为人们提供自然清新的休闲场所从事蔬菜、水果、花卉等作物的种植、培育、收获，

让远离泥土气息的城市居民领略大自然的情趣，品味返璞归真的愉悦，解除工作、学习及生活的压力，达到心情舒畅、修身养性的作用。

(三)"开心农场"具备很好的教育功能

除缓解学习、生活、工作压力外，人们还可以把其作为教育磨炼孩子的一种方式，让从小生活在都市的小孩认识农业和农耕文化，体验农业生产活动，了解农作物生产过程，分享农业收获的喜悦，体验宁静朴实的乡土生活，激发孩子热爱大自然、热爱生活的环保意识和文明行动。基于该特殊的教育功能，"开心农场"将吸引更多有文化内涵的家庭携妻执子，前往体验。

第四部分 人力资源

一、公司组织结构

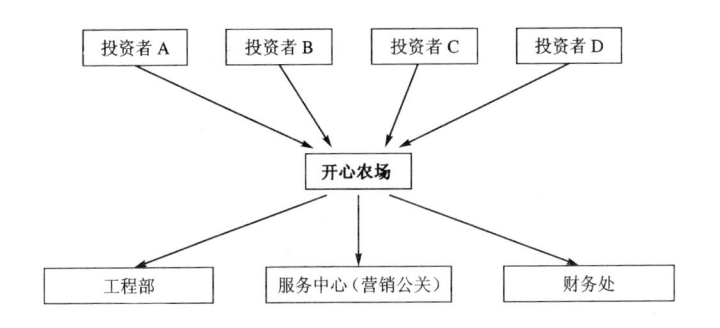

```
投资者A   投资者B   投资者C   投资者D
    ↓        ↓        ↓        ↓
         开心农场
    ↓        ↓        ↓
  工程部  服务中心(营销公关)  财务处
```

二、公司人事计划

(一) 管理层

1. 总经理

(1) 及时与股东沟通，制定好公司发展战略；

（2）带领公司全体员工，完成股东会制定的各项任务指标。

2. 工程部主任

（1）农场设施检测维修；

（2）农作物种子的培育、种植；

（3）向会员示范农作物的种植、护理等；

（4）对会员所种的产品进行护理；

（5）协助会员采摘成果。

3. 财务处经理

全面负责公司的财务事项。

4. 外务部经理

（1）协助总经理开展各种营销计划；

（2）对外事项的衔接。

（二）员工

（1）农场硬件设施检测维修；

（2）基地环卫员；

（3）水电检测与维修；

（4）农作物品种研发、培育。

第五部分　投资估算、融资需求及相关说明

一、投资估算

本建设项目第一期工程预计总投资估算额为20万元，包括大棚新建、改扩建投资估算7万元，公共基础设施投资估算3.6万元，其他费用为9.4万元，农场占地总面积为20 000平方米，建设期为6个月。各项费用构成如下：

（1）大棚新建、改扩建工程：7万元。

（2）房屋装修及办公设备估算：0.8万元。

（3）农具购置费用估算：0.6万元。

（4）公共设施建设造价估算：3.6万元。其中：①基础造价估算：1.1万元。②厕所造价估算（含浴室）：1.2万元。③凉亭费用估算：0.8万元。④小卖部造价估算：0.5万元。

（4）办理各项手续及相关费用估算：5万元。①相关部门需要缴纳费用：0.5万元。②开业前管理费用：2万元。③开业及开业前营销费用：2.5万元。

（5）流动资金及不可预计费用估算：3万元。

项目启动投资估算各项数据如附表1所示。

附表1　　　　启动资金投资估算表　　　单位：元、年

开心农场项目总投资估算					
序号	项目	金额	开业前支付比例60%	一年后需付清的余款（40%）
1	大棚新建、改扩建估算	70 000	42 000	28 000
2	房屋装修及办公设备估算	8000	0.00	0.00
3	农具购置费用预算	6000	6000	0.00
4	公共设施建设造价估算	36 000	21 600	14 400
5	办理各项手续及相关费用估算	50 000	0.00	0.00
6	流动资金及不可预计费用估算	30 000	0.00	0.00
合计		128 000	85 600	42 400

注：开业前需要到位的资金大棚新建及改扩建、公共设施建设两项为60%，其余四项需要全额到位。另外，1年后的租金、办证所需要费用，在以后的收入中充当费用处理。

二、融资计划

（一）资金总需求量

根据估算，本项目总投资约为20万元。

（二）开业前资金需求量

根据估算，本项目开业前资金总需求量最低为 13 万元。

（三）资金需求时间（根据实际需要而定）

（1）2013 年 3 月 1 日前，到位资金 5 万元；

（2）2013 年 6 月 1 日前，到位资金 4 万元；

（3）2013 年 6 月 1 日—9 月 1 日前，到位资金 4 万元。

具体情况视工程进度而定。

（四）资金来源及股份比例

计划投资 20 万元，每 1000 元一股。

（五）资金全部到位后资本结构表

附表 2

股东	投入资金（万元）	股权比例（%）
投资者 A	××	××
投资者 B	××	××
投资者 C	××	××
投资者 D	××	××

本项目发起股东为 4 人，其余股东在项目建成和投资全部回收前，可向发起股东要求回购，或转为债权。

三、股东合作的相关约定(具体内容以股东合作协议书为准)

（1）股东享有的监督及管理权利；

（2）股东资金到位的最后时间；

（3）股东收回投资的具体方式、执行时间；

（4）股东间的其他约定。

第六部分 项目经营财务数据估算

一、经营支出估算（363 568 元）

（一）综合费用估算（264 768 元）

1. 员工工资、奖金（226 728 元）

（1）一共为 8 人发放工资。其中：①负责人一名，工资标准为 3000 元/月，一年合计工资为 36 000 元；②管理人员 2 名，工资标准为 2500 元/月，一年合计工资为 60 000 元；③员工 5 人，工资标准为 1800 元/月，一年合计工资为 108 000 元，全年工资共发放 204 000 元。

（2）员工奖金：21 000 元。对于考核达标的负责人和员工给予年终奖奖励，奖励标准为负责人每人每年 5000 元，管理人员每人每年 3000 元（共 2 人），普通员工每人每年 2000 元（共 5 人）。在此正常情况下，一年发放奖金共计 21 000 元。

2. 交通及通信费用（38 872 元）

（1）铜仁至马岩往返交通费。每月对负责人及管理人员进行工资补贴，以铜仁至马岩 3 元一个单边的车费进行预算，假定每人每天补贴 6 元，一个月共补贴 180 元，一年补贴 2160 元，那么三人一年共补贴车费 6480 元。

（2）外出考察学习差旅费保守预算 20 000 元。

（3）渡船费用：一年 2000 元承包。

（4）蔬菜配送费用：一个月配送蔬菜 8 次，每次配送规模为 1000 斤左右，单边车费为 12 元，一次需运费 24 元，一年需要蔬菜配送费用 2304 元。

（5）通信费

在通信方面，负责人和管理人员统一使用全球通 188 元套餐。另外，对负责人和管理人员分别增外加 50 元和 30 元每月的补贴，即负责人每人每月通信费用补贴238元,一年补贴2856元;管理人员每人每月通信费用补贴218元,两位管理人员一年共计补贴通信费用5232元。即一年需通信费总计需要8088元。

3. 市场推广费用(6900元)

(1)上门推销。人员上门推销主要采用发放传单的形式进行,以每份传单0.1元计算(双面),印刷3000份需资金300元。

(2)户外广告。需要打印横幅、指示牌等宣传媒介,预算资金3000元。

(3)手机短信。以通信公司每条短信0.06元预算,对铜仁市区居民集中发送一万条短信,共需资金600元。

(4)其他。其他付费传媒推销预算3000元。

(二)经营成本估算(98 800元)

1. 直接经营成本(培育费用和农家肥)(74 800元/年)

(1)培育费:14 800元/年。

根据调查统计,蔬菜类的幼苗为0.3元/株,1平方米内可以种植蔬菜8株,一个大棚可以种植660株(划分为会员单位的情况下),即一个大棚在一季的幼苗培育成本为198元,一年两季为296元,那么50个大棚则需种子培育费14 800元。

(2)农家肥:60 000元/年。

以每立方米30元价格预算,每次一个单元需要农家肥2立方米,一个大棚一个生产季则需农家肥20立方米、600元,一年需要1200元,即50个大棚一年需要农家肥预算资金60 000元。

2. 土地租金(24 000元/年)

因承租的土地存在有大棚和无大棚之分,根据前期调查,一个标准大棚(225平方米)最高年租金为1000元左右,没有大棚的土地租金最低为200元/亩/年,因为地形地质的不一致,故采用800元/亩/年的保守价进行承租,即30亩土地一年需要租金24 000元。

经营支出估算见表附表3。

附表3　　　　　　　经营支出估算表　　　　单位：元、年

序号	项目	投资额					合计
1	综合费用估算	工资	发放对象	工资标准（元/月）	数量	合计	363 568
			负责人	3000	1	36 000	
			管理人员	2500	2	60 000	
			普通员工	1800	5	108 000	
		奖金	奖励对象	奖励标准	数量	合计	
			负责人	5000	1	5000	
			管理人员	3000	2	6000	
			普通员工	2000	5	10 000	
		交通费用	市内	补贴标准	数量	一年	合计
				6元/天/人	3	6480	38 872
			市外	20 000			
			渡船	2000			
		通讯费用	对象	标准（元/月）	数量	合计（元/年）	
			负责人	238	1	2856	
			管理人员	218	2	5232	
		市场推广	推销方式	资金预算		合计	
			上门推销	300		6900	
			户外广告	3000			
			手机短信	600			
			其他	3000			
2	经营成本估算	种子培育费（元/年）	14 800				98 800
		农家肥（元/年）	60 000				
		土地租金（元/年）	24 000				

二、经营收入、利润预测

附表4　　　　　　开心农场利润测算表　　　　　单位：元

30亩地可以做成500个开心农场数（会员数）、每个会员价为：3650元/年（即10元/天）。

项目＼出售率	20%	40%	60%	80%	100%	备注
会员收入	365 000	730 000	1 095 000	1 460 000	1 825 000	
小卖部经营	30 000	50 000	80 000	120 000	150 000	
经营成本估算	303 728	318 688	333 648	348 608	363 568	
利润预测	91 272	461 312	841 352	1 231 392	1 611 432	盈利金额

开心农场前期主要收入为会员收入及小卖部收入，项目如能正常实施，则一年四季均为营业期，农场一年可以种植两季或更多季农作物，会员能够得到更多体验和快乐。在运行的中期，农场可以向其他产业，如农家乐、产品包装等产业发展。因此，一天10元的会员价及利润估算已十分保守。

第七部分　项目营销定位及策略

一、农场定位

铜仁市首家集生产、休憩、体验、教育、经济和社会等功能的开心农场。

二、农场营销方式

（1）人员上门推销：由投资者或雇佣其他人员对各企事业

单位的住宅小区和商品房小区进行直接的上门推销。

（2）广告宣传：以付费的方式通过报纸、电视、网络、短信等大众传媒，向广大目标顾客传递产品信息。

（3）公共关系：通过宣传报道、组织宣传展览、参与各种交际活动等方式与社会公众进行广泛的信息沟通，以取得公众的理解、信赖和支持，创造良好的舆论环境和社会环境进行产品营销。

三、农场客群分析

（1）企事业单位工薪阶层；
（2）退休人员；
（3）较高收入群体；
（4）其他。